Sylvia Schneider/Lore Schmoll

DIE VERKAUFTE FRAU

WAS FRAUEN SO VERFÜHRBAR MACHT

Rasch und Röhring Verlag

Die Deutsche Bibliothek – CIP-Einheitsaufnahme

Schneider, Sylvia:
Die verkaufte Frau : was Frauen so verführbar macht/Sylvia Schneider/Lore Schmoll. – Hamburg; Rasch und Röhring, 1997
ISBN 3-89136-651-5

Hamburg, Großer Burstah 42, 20457 Hamburg, Fax 040-37 13 89
Foto: Mauritius-Sipa Image
Umschlaggestaltung: Peter Albers
Satzherstellung: KCS GmbH, Buchholz/Hamburg
Druck- und Bindearbeiten: Ebner Ulm
Printed in Germany

INHALT

7 Einleitung

13 1. Warum Frauen wollen, was sie wollen sollen

41 2. Schönheit – Zur Verstümmelung freigegeben

65 3. Mode – Das Comeback des Miederhöschens

83 4. Fitneß – Hungern, turnen und sich malträtieren

105 5. Gynäkologie – Du sollst keine anderen Halbgötter haben neben mir

127 6. Psychoszene – Endlich abhängig!

147 7. Sekten – Und wandelt blind auf meinen Pfaden!

167 8. Esoterik – Tarot statt Abendbrot

187 9. Rattenfänger … und tschüs!

Einleitung

Dieses Buch haben Sie unseren Freundinnen und Kolleginnen zu verdanken. Wir saßen nach längerer Zeit mal wieder beim Wein am Küchentisch, um so tiefschürfende Fragen wie »Wer mit wem« und »Wer macht was« durchzuhecheln. Wir staunten nicht schlecht: Molly, die wir wegen ihrer brillant geschriebenen sozialkritischen Reportagen besonders schätzen, war gerade in den Ashram nach Poona abgereist. Dort will sie nicht etwa schreiben, sondern höhere Weihen erlangen. Biggi hat sich für ein halbes Jahr in irgendeinem ebenso fernen Yogi-Kloster verkrochen. Ihre 13 Mitarbeiter hat sie entlassen, die Firma dichtgemacht. Sie will sich dort zur Ajurveda-Therapeutin ausbilden lassen. Sandra braucht keine weiten Reisen zu machen, sagt sie, sie hat ihre Reiki-Gruppe in ihrem Stadtteil. So kann sie locker ihre neue Stelle im Eso-Buchladen angehen, die sie gegen ihren Bankjob eingetauscht hat.

Lindi macht nicht mehr in Edelsteinen, sondern schwört jetzt auf Neurolinguistisches Programmieren und ihren neuen Therapeuten. Leider zahlt die Krankenkasse, bei der sie Abteilungsleiterin ist, keinen Pfennig dazu und Papa auch nicht. Sabine braucht nach ihrer rigorosen Diät unbedingt ein Lifting, findet ihr Personal Trainer. Vielleicht auch einen neuen Busen. Die Konkurrenz wird immer jünger, sagt er, und sie ist scharf auf ihn und den Chefsessel. Anna, die unsere Runde immer so schlagfertig und witzig auf Touren bringt, schwärmt von einem Schweige-Seminar in der Heide und möchte uns unbedingt dabeihaben.

»Wir haben doch keine Delle in der Aura!« finden wir laut und denken heimlich: Ja, haben die denn alle den Verstand verloren? Wo sind unsere starken Schwestern geblieben? Kocht jetzt jede ihr eigenes Glückssüppchen? Sind Pendel, Pyramiden und Psychokäse das, weswegen Frauen einst aufgebrochen sind, das, was sie erreichen wollten? Das ganze Leben eine seichte Talkshow mit treuherzigem Schnattern wie bei Vera, Bärbel oder Arabella und Handauflegen zur Fernheilung wie bei Margarete?

Wo sind die Gespräche über Berufschancen und Jobsharing, flexiblere Arbeitszeiten für Mütter, Pornographiebekämpfung, Gewalt in der Ehe, den nächsten Wahlkampf, Konzerte, Reisen, Geldanlagen, Immobilien, Kerle, Kinder, Katzen und Kochrezepte geblieben? Sicher, sie hatten auch nicht immer großen Tiefgang. Klar ist ebenso, auch wir finden es toll, zur Kosmetikerin zu gehen, im Einklang mit der Natur zu leben, auf die innere Stimme zu hören, und wir schwören auf Naturheilkunde und klinken uns auch gerne mal aus dem Alltag aus. Und doch ist etwas anders.

Was ist passiert? Was hat sich verändert? Haben wir etwas nicht wahrgenommen? Sind wirkliche Eigenverantwortung und Spaß an der Herausforderung keine Themen mehr? Nein, so einfach ist es nicht. Denn die meisten arbeiten ja verantwortlich, nicht wenige sogar in hohen Positionen, ziehen Kinder groß – auch alleine – und machen wichtige und bewundernswerte Dinge.
Doch viele Frauen von heute nennen sich nur emanzipiert. In Wirklichkeit sind etliche von ihnen als Geisterfahrerinnen unterwegs: Sie fahren ihre schicken selbstgekauften Kleinwagen in die falsche Richtung. Mehr denn je lassen sie sich von anderen sagen, was sie zu tun und zu lassen haben. Mit einem Unterschied: Heute bezahlen sie selbst dafür, bares Geld, selbst verdient. Frauen verfügen inzwischen über eine enorme Kaufkraft. Wenn wir sie gezielt einsetzten, könnte die Politik zugunsten von Frauen, Kindern und den nachfolgenden Generationen verändert werden. Doch wir machen uns diese Macht noch nicht mal klar; und davon, sie zu nutzen, sind wir weit entfernt.
Während wir im Berufsleben nach wie vor den zweiten Platz einnehmen, sind wir auf dem Markt der Käuflichkeiten einsame Spitze. Hier sind wir echte Partner, hier nimmt man uns ernst. Uns kann man nämlich alles andrehen: Waschpulver, Tütensuppen, Fertigpizza, Slipeinlagen, Instant-Selbstfindung. Selbstverständlich – anders als früher – ein bißchen weißer als weiß und umweltfreundlicher, das versteht sich von selbst, da lassen wir schließlich nichts auf uns kommen.

Weibliche Karrieren haben die Konjunktur in einem unvorstellbaren Ausmaß gefördert! Doch die Frauenbewegung steckt im Fitneß-Studio fest und klebt auf der Sonnenbank. Da man Frauen bei Küche, Kindern und Kirche nicht mehr halten kann, fesselt man sie eben an Ego, Eso und Aerobic. Hauptsache, Frauen sind beschäftigt und stören den Fortgang der – immer noch männlich geprägten – Welt nicht wesentlich. Weg vom Fenster ist weg vom Fenster.
Diese Erkenntnis brachte uns drauf: *Wir* sind hoffnungslos altmodisch. Auslaufmodelle, nicht im Trend! In welchem auch immer! Die moderne Frau powert sich nämlich für nichts und wieder nichts sämtliche Energien aus dem Leibe. Statt sich zu bilden, buildet sie sich oder pendelt. Wer nicht bei irgendeinem Trend mitmacht, ist so eine Art Drittweltklässlerin der modernen Frauenszene. Ganz offenbar tanzen Frauen heute nach jeder Pfeife, lassen sich von Rattenfängern jedweder Couleur etwas aufschwatzen. Die Sucht zu konsumieren, was auch immer angeboten wird, ist tief in alle Lebensbereiche eingesickert. Frauen treffen auf einen gigantischen Gemischtwarenhandel, und die Marktschreier verkaufen alles – vom Light food bis zur seelischen Erneuerung. Kaum ist der eine Trendhit vorbei, wird Platz und Geld für den nächsten gebraucht. Sogar Weltanschauungen und Religionen werden heute gewechselt wie die Schuhe. Hinter dieser erfolgreichen Vermarktung steckt eine wesentliche und uralte Erfahrung: Frauen muß man einfach nicht ernst nehmen.

Allerdings sind Frauen heute keine Opfer mehr. Sie haben ihre Unschuld verloren. Denn sie nehmen sich ganz offenbar selbst nicht ernst. Sie berauben sich auch selbst und gegenseitig ihres neuerworbenen Handlungsspielraumes. Sie überwachen und kontrollieren andere Frauen gnadenlos, treiben sie mit allen erdenklichen Mitteln dazu, ein Leben hinter dem wirklichen zu führen und sich anzupassen – woran auch immer. Und sie schrecken auch vor der Ausbeutung ihrer eigenen Geschlechtsgenossinnen nicht zurück. Damit betreiben Frauen heute ein ebenso schwunghaftes Geschäft wie Männer. Frauen erziehen aber auch Kinder … und geben damit die Widersprüchlichkeit an die nachfolgende Generation weiter.
Fatalerweise sind die Vermarktungsstrategien der Rattenfänger und -fängerinnen heute so raffiniert, daß sie Frauen sogar »verkaufen« können, sie bräuchten das alles wirklich, wollten das alles aus freiem Wunsch und Willen. Fit for fun. Und so merken Frauen nicht mehr, daß ihnen nicht nur das Geld aus der Tasche gezogen, sondern daß auch ihr kritisches Denken vernebelt wird. Unsere Freundinnen jedenfalls fuhren auf uns hernieder wie Thors Hammer, als sie von diesem Buchthema erfuhren. So verführerisch tönen die Flöten der Rattenfänger!

1. Warum Frauen wollen, was sie wollen sollen

Die Anfechtungen der tausend Teufel

Frauen sind in die etablierten männlichen Machtbereiche eingedrungen. Sie verfügen heute über mehr Geld, mehr Macht, mehr Möglichkeiten und Rechte als jemals zuvor. Dennoch lassen sich offensichtlich immer mehr gestandene Frauen willig und willenlos einlullen und ihr wohlverdientes Geld aus der Tasche ziehen. Sie lassen sich von zwielichtigen Sekten das Gehirn waschen und enteignen, sie füllen ihre rare Freizeit mit Pendeln und Firewalking, suchen ihr Heil in Edelsteinen und Wiedergeburt, lassen sich vor wichtigen Entscheidungen noch schnell ein Horoskop stellen oder befragen ihre Tarot-Karten, versuchen ihre Chakren energetisch zu beeinflussen oder ihnen im spirituellen Wohlbefinden mit Radioesthesie oder Transzendentaler Meditation auf die Beine zu helfen, sie ernähren sich nach den Elementen Holz, Feuer, Wasser und Erde. Oder nach den Grundregeln der Orthomolekularmedizin.

Gleichzeitig boomt die Kosmetikindustrie wie noch nie, wechselt eine Modewelle die nächste ab, ist die Schönheitschirurgie zum wachstumsintensivsten Zweig der Medizin geworden. Haben Eß-, Psycho- und Zwangsstörungen epidemische Ausmaße erreicht, werden Diätbücher in Rekordauflagen verkauft, verzeichnen Fitneß-Center und Beautyfarmen enormen Zulauf.

Und auch die »seriöse« Medizin verbucht Gewinne: Noch nie gab es so viele Frauenkrankheiten, an denen es sich gut verdienen läßt. Da lassen es Frauen zu, daß ihnen ohne medizinische Indikation die Gebärmutter herausoperiert wird oder die Eierstöcke entfernt werden, da werden Millionen von Frauen wegen normaler Zyklusschwankungen – während der Pubertät oder der Wechseljahre – mit schweren Hormongeschossen bombardiert. Pilgern Scharen ungewollt kinderloser Frauen in die menschenverachtenden Stätten der Reproduktionsmedizin, wie die Schafe zur Schlachtbank. Zu Risiken und Nebenwirkungen schweigen Arzt und Apotheker. Logisch, wenn keine sie fragt.

Frauen sitzen schon wieder in der Falle. Oder immer noch? Sie merken nicht, daß viele Versprechungen – »Befreiungshilfen« – nur dazu dienen, es ihnen in der Falle nett und gemütlich zu machen. Hier können sie sich hineinkuscheln oder »an sich arbeiten«. Können, statt beruflich nach oben zu kommen, auf dem Stepmaster voranschreiten, sich in 620-Mark-Jobs »selbständig« machen oder »nur dazu« verdienen, ganz Frau und Mutter sein und nebenher die weißeste Wäsche ihres Lebens waschen, ihrem Haar eine Glanzfarbspülung verpassen und eine Selbsthilfegruppe für Opfer aller Art gründen. An Ratschlägen für ein erfülltes Leben mangelt es nicht. Frauen dürfen eben, was sie wollen ... sollen!

Und wenn etwas nicht so gut läuft, gibt's gleich ein entsprechendes Rezept, damit alles wieder auf die Reihe kommt. Leidet sie an Mundgeruch oder am prämenstruellen Syndrom? Ist sie zu dick und innerlich ausgebrannt? Sind Kalkstreifen auf dem Kristall oder Falten im Gesicht? Sitzt der Mann vor der Glotze oder die Kinder vor dem Gameboy? Liegt ihr Outfit voll im Trend, oder hat ihr grüner Finger für die Pflanzen versagt? »Sie müssen endlich etwas für sich tun!« diktieren auch die Frauenzeitschriften in regelmäßigen Abständen und ständiger Wiederholung.

Ob wirkliches Problem oder herbeigeredetes Problemchen – die selbstlosen Helfer, die Trendsetter und Trendretter, lauern überall. Fast keine Frau entspricht dem, was als Norm propagiert wird: schlank und langbeinig, fit und knackig, mit makellosem Teint und seidig glänzendem Haar, im neuesten Jil-Sander-Kostüm mit der Moschino-Tasche voller Kreditkarten, im Filofax die Termine der Kinder, mit vorbildlichem Haushalt und Garten und mit ausgependeltem Seelenleben. Wie schön, da ist doch eine Menge zu machen! Vor allem Geld!

Da wird bis zur Selbstaufgabe gehungert und geturnt, geliftet, gelasert und abgesaugt, werden Brüste gehoben, Gebärmütter geopfert und der harmonische

Gleichklang von Körper und Seele herbeigetanzt. Dafür muß die Seele durch Urschrei und allerlei Rollenspiele befreit, durch Meditation gelassen, durch Zuwendung gestreichelt werden; Entspannungstechniken, typgerechte Düfte und der Urlaub nach Maß lassen sie baumeln. Sex wird auf den G-Punkt gebracht, damit die Seele im Bett nicht nur unten liegt und sich der Orgasmus multipliziert.
Immer noch nicht harmotherapiert und gemittet? Noch nicht eins mit sich selbst? Das sollte einen neuen Versuch wert sein, schaden kann es ja nicht. Und es geht einem ja nicht allein so. Ganze Heerscharen lassen sich bei Vollmond oder im Wochenendseminar heilend aufbauen – zur Abhängigkeit vom Therapeuten und Heiligsprechung des Guru. Frau muß nur mit den Wölfinnen heulen, und schon findet sie zu Leidenschaft, Kreativität, Instinkt und Selbstbewußtsein. Und wenn der Geist genügend mit Wunderölen balsamiert und weichgespült ist, können Geister beschworen und die Tische gerückt werden. Egal, ob die Rattenfängerflöte sie aus dem indischen, indianischen, ägyptischen oder sonst welchem Jenseits lockt, die Verheißungen der Geister gehen ins Astrologische. Egal auch, ob sie aus Tarot-Karten lugen oder aus Edelsteinen strahlen, ob sie Pendel schwingen lassen oder durch Medien sprechen, nur glauben muß Frau daran. Glauben macht selig, das wußten schon unsere Großmütter, und es verschafft »echte Lebensqualität und Erfüllung«.
Solange Frauen sich sagen lassen, wie sie sein sollen,

werden sie sich nicht annehmen können, wie sie sind. Sobald eine Frau anfängt, sich selbst zu lieben, fängt sie an, von ihrem gesellschaftlichen Wert überzeugt zu sein. Sie liebt sich, ohne sich stets mit anderen zu vergleichen. Es ist nicht mehr wichtig, was andere mit ihren Körpern tun, sie wird für ihre Rechte eintreten. Deshalb gilt es als so wichtig, wie Frauen aussehen; damit es unwichtig wird, was sie zu sagen haben. Frauen sind heute darauf geeicht, sich selbst als billigen Abklatsch von Modefotos zu sehen, nicht aber die Modefotos als billigen Abklatsch von wirklichen Frauen. Nur eines fürchtet der Markt mehr, als daß Frauen dieses gezinkte Spiel durchschauen: daß sie die Lust am Mitspielen verlieren, nicht mehr mitmachen und kaufen mögen ... Denn 60 bis 70 Prozent des für den privaten Verbrauch aufgewendeten Geldes gehen durch Frauenhände!

Wie Frauen gestern, heute und morgen sein und was sie haben wollen, diktiert deshalb also der Zeitgeist oder der Trend, der keinesfalls immer mit Fortschritt gleichzusetzen ist. Fortschritt ist notwendig und unaufhaltbar. Er kann stagnieren, läßt sich aber nicht zurückschrauben. Trends hingegen werden gemacht, manipuliert, gesteuert, wechseln zwischen »in« und »out«, werden totgesagt oder wiederbelebt. Nicht nur in Mode und Kosmetik, sondern in allen gesellschaftlichen Bereichen. Natürlich nicht zufällig und nach dem Motto »Öfter mal was Neues« oder wegen des instinktiven Wunschs nach Veränderung, sondern je nach Marktlage, Konsumangebot, politischen und wirtschaftlichen

Strömungen. Dahinter steckt eine gigantische und geniale Strategie, die gemeinsam mit Wirtschaft und Medien »Zeichen setzt«. Längst sind hier keineswegs mehr nur Männer aktiv, auch viele Frauen bestimmen an vielfältigen Schaltstellen Trends, die den Konsum ankurbeln, und sind insofern mehr Verführende als Verführte oder beides gleichermaßen. Wobei dieser Vermarktungstrend natürlich nicht vor Männern und Kindern haltmacht. Auch sie sind Opfer, denen man wunderbar das Geld aus der Tasche ziehen kann.

Besonders deutlich werden diese Verkaufsstrategien an Frauenzeitschriften, die unermüdlich den neuesten Trend zum absoluten Must stilisieren. Dabei unterliegen sie selbst wirtschaftlichen Zwängen: Ihr wichtigster Kunde ist nicht die Leserin, sondern der Anzeigenkunde der Kosmetik-, Pharma- und Modeindustrie, der Schöner-essen-, Besser-wohnen- und Weiter-reisen-Branchen. Seit mehr als einem Jahrhundert gehören die Frauenzeitschriften zu den wichtigsten Instrumenten, mit denen Wirtschaft, Werbung und Staat die Frau in das jeweils gewünschte Korsett zwängen. Schön und gut, wenn es der Menschheit oder der Solidargemeinschaft nutzt und frommt. Und den Frauen. Ist doch logisch, oder?

Man kann ja nicht ernsthaft einen Waschmaschinenhersteller verteufeln, wenn er jedem Haushalt stets das neueste und sparsamste Gerät bescheren will. Die Idee, das System der Marktwirtschaft bräche zusammen, wenn wir nicht alle brav konsumieren, ist in unser aller

Köpfen verankert. Uns wird suggeriert, wer nicht kauft, vernichtet Arbeitsplätze. Schließlich kann jede Frau frei entscheiden, ob sie sich eine Waschmaschine kauft, und sei es auf Raten. Und ob sie – der Waschmaschine sei es gedankt – mehr freie Zeit für ihre Familie oder für's Studium der Aktienkurse aufwendet.

Merkwürdig ist nur, daß die anscheinend freien Entscheidungen sich zu Bewegungen formieren, sich in Zeitströmungen spiegeln und mitreißen. Da wechselt sogar der Babyboom über den Pillenknick in die geburtenstarken Jahrgänge, die pendeln sich ein in die »Ein-bis-anderthalb-Kind-Familie«, da melden die Statistiken den besorgniserregenden Geburtenrückgang in den neuen Bundesländern und die Zunahme der Ausländerkinder in den alten. Dann wieder heißt es: »Immer mehr Mehrlingsgeburten ...«

Moderne figurbewußte Mütter verfütterten tonnenweise Flaschennahrung, bevor sie sich in Stillgruppen zum einzig wahren Wohl des Kindes zusammenfanden. In antiautoritären Kinderläden konnte es sich frei entfalten, bis sein Recht auf Nestwärme und allumfassende Mutterliebe wieder eingeklagt wurde. Väter waren bei freiwillig alleinerziehenden Müttern ganz weg vom Fenster, dann wieder sollten sie gefälligst Wickelkurse machen und bei der Geburt dabeisein. Hausgeburten oder wenigstens Rooming-in ersparten dem Neugeborenen den kalten Klinikschock, später im Zuge der gewerkschaftlich propagierten Arbeitszeitverkürzung durfte es krähen: »Samstags gehört Papi mir!« Und wenn sich das Wunschkind partout nicht einstellen wollte, versprachen Reproduktionsmediziner und Samenbanken Hilfe aus der Retorte.

Was Frauen tun oder lassen – wirklich eine freie Entscheidung? In Wirklichkeit sind ihre Instinkte, ihr Streben nach Selbstbestimmung längst durch das Trommelfeuer der Marktstrategen verwässert und teils schon weggewaschen. Strömungen und Gegenströmungen in Wirtschaft, Konsum und auf dem Arbeitsmarkt werden als zeitgemäßer Trend verkauft. Daß Frauen mit dem Strom schwimmen, entlarven die Schlagworte der letzten Jahrzehnte deutlich: »Die sexuelle Befreiung«, »Erst Karriere, dann Kind« und dann »Kind und Karriere«. In Zeiten der Vollbeschäftigung formierte sich so eine Reservearmee arbeitsfreudiger, selbst verdienender Frauen. Wer den Zug verpaßte, galt als bemitleidenswerte Nur-Hausfrau. Wie die neue Selbsteinschätzung der Frauen aussah, zeigte sich in der Konsumbesessenheit, dem Lifestyle, im Kaufrausch von Designerklamotten und Busineßdreß, Zweitwagen und Karibikurlaub.

In wirtschaftlich schwierigen Zeiten dagegen sehnt Frau sich angeblich danach, wieder »ganz Frau« zu sein. »Die neue Weiblichkeit« und »die neue Mütterlichkeit« wurden ausgerufen. Jetzt machte die »Doppel- und Dreifachbelastung« – Beruf, Familie und Haushalt – sie kaputt. Sie mußte nun im Spirituellen und Esoterischen ihren Sinn suchen, sich erden und mitten. Und die Natur forderte ihren Preis: »Ungewollte Schwangerschaft« war kein Thema mehr, nun blieb das »Wunschkind« aus. Die »biologische Uhr« funktionierte eben nicht auf Knopfdruck. Keine Frauenzeitschrift, die jetzt nicht die Möglichkeiten der »künstlichen Befruchtung« ausleuchtete.

Zurück an Herd und Kinderwagen, auf Jahre abhängig von Haushalts- und Taschengeld? Das kann das Wahre nicht sein, also Jobben als »Mitverdienende« und »Dazuverdienende«, sich, nebenbei arbeitend, mit Minderlöhnen »verselbständigen«, das bessert die Kasse und das Ego auf. Daß immer mehr Frauen sich scheiden ließen, den Weg in die Selbständigkeit »wagten«, wurde mit ihrem neuen Selbstbewußtsein erklärt und den Erfolgen, die sie mit ihren Forderungen nach Gleichberechtigung erreicht hatten. »Viel zuwenig!« klagten die kämpferischen Feministinnen der sechziger Jahre, »Mehr als reichlich!« die jungen Männer der Neunziger, die sich von der Konkurrenz tüchtiger, gut ausgebildeter und zielstrebiger Frauen bedrängt fühlen. Doch darum geht es schon längst nicht mehr: Es geht um die Bevormundung durch Werbung, Industrie und Staat, die sich keineswegs die Strömungen zunutze machen, sondern sie vielmehr initiieren und steuern. Die amerikanische Autorin Susan Faludi hat in ihrem Bestseller »Backlash« sehr gründlich und kompetent nachgewiesen, wie Manipulation, Optimierung, Vereinfachung und Verunsicherung von den Männern an den Schaltstellen der Macht instrumentiert werden. Für die achtziger Jahre stimmte das auch. Der deutsche Titel ihres Buches heißt: »Die Männer schlagen zurück«. Doch diese Anklage ist für die Frauen der Neunziger Schnee von gestern. Sie haben die Rolle der Sklavinnen der Männer abgeschüttelt und sich zunehmend gleichberechtigt Geltung verschafft.

Anfang dieses Jahrzehnts waren hierzulande fast sieben Millionen Frauen ohne festen Partner. Die meisten freiwillig. Sie haben es als Singles geschafft, nicht mehr als »Alleinstehende« abqualifiziert, sondern als unabhängig anerkannt zu werden. Die Vorstellung, ohne den Mann an ihrer Seite und ohne Trauschein zu leben, verschaffte ihnen keine schlaflosen Nächte. Unabhängigkeit bedeutet auch, höhere Ansprüche stellen zu können und sich den Partner auf Bewährung zu leisten.

Schon beklagte sich die Müttergeneration aus kämpferischen, männerverteufelnden »Emanzentagen« über die Nesthocker, die Söhne, die infolgedessen bis ins beste Mannesalter zu Hause bei Muttern futtern.

Fit for family!?

1997 vermeldete das Bundesfamilienministerium nun einen neuen Trend – den zur großen Familie. Jetzt wünschen sich laut hauseigener Studie zwei Drittel aller Paare in den alten Bundesländern drei Kinder oder mehr, in den neuen überwiegend nur eins. Genauere Zahlen über Alter, Familienstand und Anteil berufstätiger Frauen fehlen in dieser Meldung. Dafür heißt es kuschelweich weiter: In den jungen Familien lebe heute die traditionelle Rollenverteilung zwischen Mann und Frau wieder auf, »bei offensichtlicher Zufriedenheit *aller* Beteiligten«. Ein Schelm, wer dabei an die hohe Arbeitslosigkeit denkt.

Angesichts dieses neuen Trends fordert Bundesfamilienministerin Claudia Nolte, die selbst Kind und Haushalt ihrem Mann aufs Auge gedrückt hat, Altes bis Uraltes: genügend Kindergartenplätze, flexible Arbeitszeiten und Familienunterstützung in allen Lebensbereichen. Der gesetzlich für 1996 zugesicherte Rechtsanspruch auf einen Kindergartenplatz ist tatsächlich noch längst nicht erfüllt. Die Väter lahmen auch noch arg hinterher: Weniger als ein Prozent nehmen Erziehungsurlaub. Beim gesetzlichen Mutterschutz sind keine Nachbesserungen nötig – er erlaubt nicht nur, er verbietet Schwangeren, vier Wochen vor und acht Wochen nach der Entbindung zu arbeiten.

Ob Zufall oder Lenkung – die ministerielle Studie wird von unterstützenden Trendmeldungen flankiert. So ergab eine Forsa-Umfrage, daß unter 1 000 Verheirateten 90 Prozent glauben, glücklich zu sein, und daß es sich lohne, für eine Ehe zu kämpfen. Jeder achte Mann, aber doppelt so viele Frauen könnten nach eigenen Angaben ebensogut allein leben. Und eine der drei 1996 neu ins Leben gerufenen Zeitschriften für die Familie, »Familie & Co«, jubelt: Das Konzept einer Zeitschrift für die ganze Familie sei aufgegangen. Die Auflage steige und rund 10 000 Briefe im Monat bewiesen die enge Leserbindung an ihr Familienblatt. Und schließlich: Mit 60 Anzeigenseiten im Geburtstagsheft 3/97 habe »Familie & Co« ein neues Zeitschriftensegment auch im Anzeigenmarkt erfolgreich erschlossen. Das Konkurrenzblatt »Eltern for Family« wirbt für sich selbst: »Besser leben mit Kindern. Macht Familien glücklicher. Die besten Seiten der Familie.«

Last, not least warnt eine Zukunftsstudie des Freizeitforschungszentrums der BAT vor der Gefahr einer »tendenziell kinderlosen Freizeitkultur« in der neuen künftigen Leistungsgesellschaft. Zwar würden 55 Prozent sagen, die Familie gebe ihnen Lebenssinn, aber angezweifelt wird noch die Bereitschaft, Kinder zu erziehen (3 000 Befragte ab 14 Jahren). Auch in den Werbespots scharen sich vermehrt Pizza- und Nudelkonsumenten um den Familientisch, strahlen Kinderaugen angesichts gesunder Schokolade und naturreiner Vitamindrinks. Es macht auch nichts, wenn sich ein Kind bekleckert, die immer neuen und besseren Waschmittel werden mit der ganzen Maschinenladung spielend fertig. Mehr noch: Sie verhelfen der Mutter einer Schulanfängerin, ihre Tochter mit einem sauberen Rüschenkleidchen auf die richtige Rolle als schönes kleines Mädchen zu schieben. Schwarze Fußstapfen aller Größen auf Parkett und Fliesen? Die kosten Mutter nur ein gütig verzeihendes Lächeln – durchgestylt, als wolle sie gerade mit der Kreditkarte auf Shoppingtour, macht sie noch eben »Wisch und weg«.

Während die Werbung für Intimhygiene noch vor kurzer Zeit dafür sorgte, daß die Frau in Beruf und Chefetage sich jederzeit »frei und sicher« fühlte, verkündet jetzt eine gepflegte Hausfrau aus ihrem Alltag: »Meine Familie vertraut auf mich, und ich vertraue auf meine Slipeinlage«. Und nicht etwa die Zahnärztin, sondern »Ich als Zahnarztfrau« empfiehlt die optimale Pflege für die Zähne der ganzen Familie.

Täglich sind Werbeforscher, Trendscouts und Interviewer unterwegs, um Sehnsüchte, Ängste, Träume, Lebensgewohnheiten und Befindlichkeiten von Verbrauchern zu eruieren. Neben den Frauen sind auch die Kinder eine umsatzträchtige Zielgruppe und inzwischen ebenso anfällig wie ihre Mütter. Rund 25 Milliarden Mark werden für die lieben Kleinen oder in ihrem Auftrag jährlich bewegt. Längst diktieren Labels und Marken auch ihre Welt. Ganz gezielt werden aus den Tummelplätzen von Kindern und Jugendlichen junge Trendsetter herausgeholt, die – gegen Geld versteht sich – künftig als laufende Werbeflächen den anderen Kids das Hohelied ihres Auftraggebers vorsingen sollen. Allein die Firma Benetton nimmt jährlich 300 Kinder als »Opinion-Leader« unter Vertrag. Die insgesamt 5 000 Markenartikel für Kinder wollen halt verkauft sein. Dabei ist der Gruppenzwang auch unter Kindern nicht unbeträchtlich. Bei den Eltern kommt das dann so an: »Ich will das, oder ich nerv' dich, bis du aufgibst …«

Die Werbung für kleine Mädchen ist dermaßen rollenkonform, daß die Biene Maja und Pippi Langstrumpf

wie kämpferische Feministinnen wirken. Und keine Mutter sorgt sich darüber.
In ihrer Talkshow sorgt sich hingegen Margarete Schreinemakers darüber, daß Mütter mit vielen Kindern kaum je Urlaub hätten, und lobt das Müttergenesungswerk. Die Bärbels, Ilonas, Sonjas, Arabellas und Veras besetzen tagsüber die Sendeplätze für Jung und Älter mit so bunten und lebensnahen Themen wie »Mein Sohn, ich besorge dir eine Frau!«, »Wer keine Kinder hat, soll zahlen!«, »Meine Frau gehört ins Haus!«, »Mein Mann bestimmt mein Leben!« oder »Singles – Heute sind wir zu haben!«. Man sieht, die Studie des Ministeriums liegt voll im Trend. Oder wer war zuerst da: die Henne oder die Eier?
Immer mehr Frauen haben den Eindruck, daß sie ihr Leben und das ihrer Familie besser hinkriegen müßten, daß es ständig irgendwo klemmt. Entweder sind sie schlechte Mütter oder schlechte Liebhaberinnen oder viel zuwenig Karrierefrau, oder sie sind zu dick, nicht hübsch genug oder nicht schick angezogen. Frauen sind offenbar immer defizitär. Vielleicht stimmt aber auch das Gegenteil: Frauen werden zu Opfern, weil sie jetzt auch noch wie Männer leben sollen. Doch nicht nur das, obendrein sollen sie Kinder haben und mehr denn je jung, schön und schlank sein. Die klassischen Anforderungen an Frauen sind nicht verschwunden, es sind nur neue hinzugekommen. Während sich in der Mode früher Mini, Midi, Maxi abwechselten, klingt es heute so, als sollten sie alle Rocklängen übereinander tragen. Um

als »gute« Frauen durchzugehen, müssen sie sich wieder Widersprüchliches und oft genug Unmögliches abverlangen: Sanftmut und Geduld als Mutter, Rücksichtslosigkeit und Durchsetzungswille als Berufsfrau, Raffinesse und Hingabe als Ehefrau und Geliebte – die Summe aller Trends. Und sie werden ein weiteres Mal versuchen, in allen Bereichen perfekt zu sein.

Dabei wollen sie auch den Ansprüchen gerecht werden, die andere Frauen an sie stellen. Der erbitterte Kampf von Frauen um zwei rare Güter – Arbeitsplätze und Männer – ist indes nichts Neues. Das Bemühen, ebenso gut – so weiblich – wie andere Frauen zu sein, sie besser noch zu übertreffen, ist das einzige Feld, auf dem man Frauen Konkurrenzkämpfe zugesteht, ja, sie sogar dazu ermutigt. Berufsfrauen mokieren sich über Nur-Hausfrauen: Die verblöden ja in ihren engen Grenzen, haben keinen Ehrgeiz, etwas für sich zu machen, und liegen ihrem Alten auf der Tasche. Hausfrauen maulen über Berufstätige, sagen, daß sie egoistisch und genußsüchtig seien, für andere – insbesondere Familie und Kinder – keine Verantwortung und Sorge übernehmen wollten und sich nur um den eigenen Lifestyle kümmerten. Da meckern die Dünneren über die Dickeren, die Jungen über die Alten. Da wird subtil und gnadenlos von der Frisur bis zum Pumps oder zur Birkenstock-Sandale alles runtergemacht, was sich an einer anderen befindet.

Doch was macht erwachsene, emanzipierte und starke Frauen so schwach angesichts der Anfechtungen der tausend Teufel? Und warum sind gerade Frauen so leicht zu verführen?
Wir haben eine Reihe von Gründen dafür ausgemacht:
1. Unzufriedenheit, Enttäuschung, negative Erfahrungen, Kummer, Verzweiflung, Ratlosigkeit, Ausweglosigkeit, Krisen, das Gefühl, allein gelassen zu sein, und allem voran das Gefühl, »irgendwie« nicht richtig zu sein, nicht mit sich im Einklang zu sein, wobei Heils- und Glücksversprechen, die Hoffnung auf Trost oder einen Ausweg der rettende Strohhalm zu sein scheinen.
2. Neugier, Wißbegierde, Lebenshunger, Dabeiseinwollen, keine Chance verpassen, vorankommen, Spaß haben, besser, schöner und klüger durchs Leben kommen, es in den Griff kriegen, Wünsche und Ziele realisieren. Im Grunde positive Bestrebungen, die Verführung liegt in der Überflutung mit Angeboten, wie das alles und schneller zu erreichen ist.
3. Erschöpfung und die Suche nach ruhigen Nischen, in denen frau sich mal erholen kann. Es hat sich im Laufe der Zeit gezeigt, daß Emanzipation kein Ausflug in eine geschützte Zone ist. Sie bedeutet tägliche Mühsal und harte Arbeit, deren Gewinn manchmal zweifelhaft erscheint. Sie bedeutet Sisyphus-Arbeit, ewige Konfrontationen mit offenen und versteckten Diffamierungen, mit Vertröstungen, Lobhudeleien, Mobbing und Chan-

cenungleichheit, weil in Wahrheit die alten Machtstrukturen aufrechterhalten werden sollen.
4. Ausgleich für die stetig ansteigende Technisierung unserer Umwelt. Wer ständig über Handy, E-mail, Online-Service und Konsorten auf der Datenautobahn erreichbar ist, sucht sich so eine »geistige« Ecke.
5. Harmlosigkeit, Gutgläubigkeit, Vertrauen, Naivität. Auch wenn solche Eigenschaften den Verdacht, daß Unzufriedenheit geschürt oder Begierden mit Absicht geweckt werden könnten, nicht aufkommen lassen.
Wenn die Versprechen der Werbung und des Konsums sich nicht erfüllen, führt das wiederum zu Unzufriedenheit und Enttäuschung, bis hin zum Gefühl des totalen Versagens. Erzeugt Schuldgefühle – und dies ganz besonders bei Frauen – und macht noch anfälliger für weitere Verführung. Schuldgefühle sind ja ohnehin eine weibliche Spezialität. Schuld, Schuld, Schuld – weil sie etwas erreicht haben oder nicht, weil sie so sind, wie sie sind, weil sie dies tun oder jenes nicht, weil ihnen dieses oder jenes gut gelingt oder gar nicht, egal. Diese Schuldgefühle stehen in keinerlei Verhältnis zu den normalen Unzulänglichkeiten im Leben jeder einzelnen Frau. Frauen haben die Konflikte, die sich aus ihrer Lebenssituation ergeben, so verinnerlicht, daß sie die Schuld für alles und jedes bei sich selbst suchen, anstatt nach gesellschaftlichen Ursachen und Lösungen zu fahnden.
Und warum? Weil Frauen sich berechtigt oder unberechtigt, bewußt oder unbewußt noch in der Opferrolle

sehen, als Opfer von Müttern und Männern, als die Leidtragenden gesellschaftlicher Zwänge, die Benachteiligten in Politik, Wirtschaft und auf dem Arbeitsmarkt. Und weil sie endlich auch ihre persönlichen Ansprüche anmelden und befriedigt sehen wollen. Dennoch scheinen Frauen immer noch den Eindruck zu haben, daß es für andere – ihre Familie, ihre Freunde, die Gesellschaft – eine Katastrophe ist, wenn sie eigene Ziele verfolgen und auch erreichen.

Die Marktgesellschaft, in der wir heute leben, ist eine totalitäre Gesellschaft, wenngleich sie im Gewand der Freiheit auftritt. Ihre Ideologie ist die Kommerzialisierung; sie durchdringt buchstäblich alle Lebensbereiche, von der Wiege bis zur Bahre – schrieb Heinrich Jaenecke in der »Woche«. Sie macht vor nichts halt, denn alles ist kommerzialisierbar, die intimste Zärtlichkeit und die brutalste Gewalt. Der Markt bemächtigt sich der Gedanken, der Gefühle, der Sehnsüchte und der Träume der Menschen, von der Haarwurzel bis zur Zehenspitze. Das alles geht völlig ohne Zwang; denn der Markt kann auf die Verführbarkeit des Menschen setzen. Ethik und Moral, die eine solidarische Gemeinschaft so dringend nötig hat, sind auf der Strecke geblieben. Mehr noch: Sie sind nichts mehr wert, sie gelten nichts mehr. Der Motor des Marktes ist der Egoismus, sein Maßstab der materielle Erfolg. Das Motto heißt Haben statt Sein, Verbrauchen statt Bewahren.

Die Marktideologen kennen keine Skrupel. »Was machbar ist, wird gemacht«, heißt es ja so schön. Ihr

Lebensideal ist der uneingeschränkte Genuß. Tu, was du willst, nimm dir, was du willst – das ist auch das Motto der neuen satanischen Sekten. »Have Fun« lautet die Parole, egal, was es kostet. Wer sich diesem Trend mit Körper und Seele überläßt, gibt sich selbst die Erlaubnis, Vorsicht und Moral – dieses lästige Korsett – abzulegen. Man darf über die Stränge schlagen: kleiner Genuß, kleines Risiko. Sich ein bißchen verwöhnen mit dem kleinen Genuß, die kleine Pause ... das Frühstückchen zwischendurch ... diese kleinen Wünsche haben inzwischen etwas aggressiv Forderndes bekommen, sie werden mit dem Gefühl assoziiert, man habe ein Anrecht darauf. Hier und jetzt. Es ist nicht dieses »Oh, was gäbe ich für ...« früherer Tage, sondern »Ich will es, ich will es haben, ich verdiene es«.

Das Schlüsselwort ist in diesem Fall »klein«. Was diesen Trend der »kleinen Genüsse« nicht in ungezügelte Gier ausarten läßt, ist eine Art Ausbalancieren von Kompromissen, eine psychische Kosten-Nutzen-Analyse. Wir wollen uns emotional etwas Gutes tun, die Sinne verwöhnen, das Ego aufpäppeln, ohne uns dabei über die Kosten Sorgen zu machen, ohne damit bestraft zu werden, zu sehr zur Kasse gebeten zu werden. Etwas zu hohe Ausgaben gehören allerdings schon zum richtigen Verwöhntrend: Konsumieren wir heute, zahlen wir später – das trieb schon manche Menschen in den Ruin, die Konsumproduzenten hingegen in die schwarzen Zahlen.

Die Trendforscherin und Wirtschaftsberaterin Faith

Popcorn beschrieb Anfang der Neunziger in ihrem »Popcorn-Report« die kommenden Trends bis zur Jahrtausendwende so: »Gewaltlosigkeit wird ein großes Thema sein von der Therapie bis zur Ernährung. Die Sitzungen, bei denen vor ein oder zwei Jahrzehnten der Urschrei geübt wurde – kommt er uns heute nicht überflüssig vor? –, werden von heiterer Gelassenheit geprägt sein; in den neuartigen Psychokliniken von morgen werden Lichttherapien zugleich für unsere Stärkung und Entspannung sorgen. Wir werden auch Nahrungsmittel haben wollen, die ohne Gewalt gewonnen werden ... Die Stärkung der inneren Kräfte wird zu einem großen Geschäft werden – Psychonahrungsmittel, Selbstbehandlung, Streßmanagement und Umwelttechnik.«
Recht hat sie behalten. In kurzer Zeit ist alles wahr geworden. Alles haben wir mitgemacht. Die Zukunftsforscherin warnt allerdings nicht die Konsumenten, sich vor den Trends zu hüten, sondern sie empfiehlt der Wirtschaft, solche Trends gewinnträchtig ins Leben zu rufen oder wiederzubeleben. Das Fatale daran ist, daß der Konsument letztlich gar nicht merkt, daß seine Bedürfnisse und Wünsche gesteuert werden, um ihm das Geld aus der Tasche zu ziehen. Ob Bach-Blüten-Tropfen oder Dior-Parfüm, ob Trommelkursus oder Bodybuilding oder was frau sich sonst Gutes gönnt, ist nur vermeintlich ihre freie Entscheidung. Sie merkt nicht, daß ihre Bedürfnisse durch Werbestrategien, die haarscharf auf ihre seelische Befindlichkeit zugeschnitten sind, erst geweckt werden.

Der Stuttgarter Konsumforscher Professor Gerhard Scherhorn bestätigt, wie subtil die Methoden der Verführung sind: »Es ist die ganz klare Absicht, emotionale Konditionierung in immer verfeinerteren Formen einzusetzen, um zum Kaufen zu verleiten. Es geht um ganz bewußte Manipulation.« Bei den Verführten kommt der Gedanke gar nicht erst auf, sie stünden in allen Lebensbereichen unter Kaufzwang oder Konsumterror. Der Mensch von heute läuft praktisch an jeder Ecke in eine Konsumfalle und findet das auch noch toll.

Solidarität – Kein Trendwort

Eine Gesellschaft, die nach solchen Mechanismen funktioniert, kann nicht erwarten, daß in ihr menschliches Miteinander, Sanftmut, Rücksichtnahme, Toleranz, Bescheidenheit, Achtung vor dem Leben und der Schöpfung blühen. Wer über den sittlichen Verfall klagt, so Heinrich Jaenecke, benimmt sich wie ein Bankräuber, der nach dem Überfall seinem Sohn eine klebt, weil der fünf Mark geklaut hat.

Nach dem Zusammenbruch der sozialistischen Planwirtschaft im Osten hat der Abbau moralischer Hemmungen rapide zugenommen. Im privaten wie im öffentlichen Denken wurden die Grenzen zu Anstand und Moral verwischt. Mit Begriffen wie Solidarität und Gemeinsinn kann man niemanden mehr begeistern, und der Führungselite der Marktgesellschaft entlocken sie nur noch ein müdes, teils schon ratloses Lächeln. Die Älteren können sich kaum noch daran erinnern, die Jüngeren wissen schon gar nicht mehr, was das ist. Um das Soziale soll sich die Politik kümmern. Doch daß wir alle »die Politik« sind und alles, was wir machen, Politik ist, scheinen viele vergessen zu haben.

Instinktiv ahnen wir dennoch, daß Glück für Geld nicht zu haben ist. Auch deshalb ist die Sinnsuche zu einem Symbol unserer orientierungslosen Zeit geworden. Viele suchen einen spirituellen Freiraum als Gegenstück zum krank machenden Materialismus. Sekten sowie die Psycho- und die Eso-Szene bieten sich an, dieses Vakuum zu füllen. Aber auch sie bieten nichts anderes als marktgerechte Verführung, um anderen das Geld aus der Tasche zu ziehen und ihnen dabei das Gehirn zu vernebeln. Das Banale als Daseinszweck ... Hinter ihren Heils- und Rettungsversprechen – bessere Zukunft, innere Werte, Erlösung und Geborgenheit, gebündelt in dem Begriff »Selbstverwirklichung« – stecken häufig neben verhüllter Geldgier auch unverhüllte Machtgier. Und gerade Frauen sind emotional und ideell anfällig für solche Verführungen. Zerbrochene Ideale, verlorene Utopien und vor allem Einsamkeits- und Verlassenheitsgefühle machen sie weich und empfänglich für fremdbestimmte »Einflüsterungen«. Die Menschen sind heute einsamer denn je. Es wächst der Hang zur Betäubung, der jederzeit umschlagen kann in Aggression und Selbstzerstörung.

Eine allmählich gewachsene Strömung – fort von

Gemeinschaften und Abhängigkeiten, von Bindung und unverrückbaren Weltbildern hin zu einer individuelleren und autonomen Daseinsgestaltung – mündete in den jähen Absturz sozialer Normen. Der Trend zur Konzentration auf sich selbst führte zumeist in bloßen Egoismus. Die Bedingungen für Frauen, sich selbst, außerhalb der Familie, zu verwirklichen, waren noch nie so gut wie heute – wenn man davon ausgeht, daß Selbstverwirklichung vor allem an die ökonomischen Möglichkeiten geknüpft ist. Wer einen Arbeitsplatz hat, verdient eigenes Geld und kann sich einen eigenen Freiraum leisten. Doch selbst unter diesen Umständen werfen nur solche Frauen die Frage nach der Selbstverwirklichung auf, die ihre existenziellen Bedürfnisse mit dem Geld, das sie verdienen, auch abdecken können. Für alle anderen scheint das Streben nach Selbstverwirklichung wie blanker Hohn.

Selbstverwirklichung hat mit dem Selbst, aber auch mit Wirklichkeit zu tun, mit Wirklichsein und Wirklichwerden, mit dem, was wir wirklich sind, wer wir sind, wo wir herkommen und wo wir hingehen, mit der Verwirklichung von Vorstellungen und Zielen. Selbstverwirklichung ist der Versuch, bei sich selbst zu sein und innere Freiheit zu entwickeln. Sie bedeutet auch, gesellschaftliche und kulturelle Normen und Werte immer wieder zu überprüfen und sie gegebenenfalls zu überschreiten. Insofern hat Selbstverwirklichung weder etwas zu tun mit den gesellschaftsfernen Nischen von Trommelkursen, Bauchtanzgruppen oder Tennisstunden, die zwar

Kreativität und Selbstverwirklichung versprechen, das wirkliche Leben aber nicht berühren, noch mit dem Zwang, arbeiten und Geld verdienen zu müssen, um das Überleben zu sichern. Selbstverwirklichung entwickelte sich daher weitgehend zum Privileg ökonomisch und damit meist auch bildungsmäßig besser gestellter Frauen.

Das Streben der Frau in die Welt hat das menschliche Miteinander nicht einfacher gemacht. Mehr äußere Freiheit des einzelnen zieht selbstverständlich mehr Abstand und Fremdheit nach sich. Die Suche nach der eigenen Identität und nach einem Lebenssinn hat vielfach den Blick eingeengt und einseitiges Beharren auf den jeweils eigenen Rechten nach sich gezogen. Menschliche Beziehungen werden heute vielfach danach beurteilt, inwieweit sie der eigenen Wohlfahrt dienen beziehungsweise die Selbstverwirklichung behindern.

Selbstbestimmung *und* Verantwortung waren einmal Ziel der Emanzipationsbewegung. Doch das, was wir erreicht haben, hat sich ins Gegenteil verkehrt. Feminismus ist inzwischen auch unter Frauen zum Schimpfwort geworden. Kaum eine, die nicht panisch die Hände hochwirft, sobald jemand behauptet, sie sei wohl Feministin. Setzt sich etwa eine Frau für gleichen Lohn für gleiche Arbeit ein, dann niemals ohne schon im Vorfeld zu beteuern: »Ich bin beileibe keine Feministin!« (Wir um Göttins willen natürlich auch nicht!)

Das hat eine lange Tradition, wurden doch schon zu

Beginn unseres Jahrhunderts Frauen, die es als Vorkämpferinnen an Universitäten oder als Ärztinnen an Kliniken zog, als Blaustrümpfe diffamiert, denen nichts anderes übrigbliebe, als ihrer Häßlichkeit Verstand und Klugheit entgegenzusetzen. Später haben selbst die modernen Frauenzeitschriften mit Seitenhieben auf die »Emmas« am negativen Bild des feministischen Blaustrumpfes von einst weiter mitgestrickt.
Man darf also gespannt sein, wie lange es dauert, bis die Karrierefrau im Zuge des neuen »Zurück-zur-Familie«-Trends als machtgierige Profithyäne verunglimpft wird. Möglicherweise aus einer solchen Überlegung heraus forderte kürzlich die Chefredakteurin der deutschen »Cosmopolitan« eine Wiederbelebung des Feminismus. Zu diesem Zweck beauftragte sie – ausgerechnet – sechs namhafte Werbeagenturen, Plakate zu entwerfen, um die Leserinnen »neu zu überzeugen«. »Schafft es eine der Kampagnen, Sie für ›den Feminismus zu erwärmen‹? Ein Versuch ...«, schrieb sie treuherzig im Editorial. Sie forderte die Leserinnen gleichzeitig auf zu schreiben, welches Plakat ihnen denn am besten gefalle. Die ganze Wiederbelebung des Feminismus durch die »große« Cosmo-Kampagne gipfelte in der Veröffentlichung von 25 Leserbriefen und der Verlosung einer Reise nach London sowie der Aufforderung – auf »vielfachen Wunsch« –, die Werbeplakate jetzt zu kaufen. Mit Feminismus und Frauenrechten allein läßt sich keine müde Mark verdienen. Ein Versuch ... zu was oder wozu? Doch wohl in erster Linie dazu, das eigene

Image als frauenengagierte Zeitschrift aufzupolieren, statt sich wirklich für die Rechte der Frauen einzusetzen.
Es ist in den vergangenen Jahrzehnten für Frauen viel erreicht worden, vieles, was im Grunde genommen recht, billig und längst überfällig war. Heute ist es oft schon in Vergessenheit geraten, daß es noch nicht lange her ist, daß Frauen für ihre Grundrechte kämpfen mußten. Und daß wir noch lange keinen Grund haben, uns satt zurückzulehnen. Nur ein Beispiel: »Ist irgend jemand noch dankbar dafür, daß Frauen heute das Wahlrecht haben?« fragt die bekannte Feministin Anja Meulenbelt. »Es braucht nur ein bißchen zu regnen, und schon gehen wir nicht zur Wahlurne!« Die Frisur könnte hin sein oder die teure Klamotte verdorben werden. Außerdem sind andere Dinge ja so viel wichtiger. Kaum eine junge Frau vergegenwärtigt sich dies. Und die, die ihr helfen und Vorbild sein könnten, haben keine Zeit, denn sie sind mit Pendeln und Mitten voll beschäftigt.
Vaclav Havel, heute schon fast eine Sagengestalt aus der Zeit, als Überzeugungen noch etwas galten, warnte Anfang 1997 in der »Woche« mit dem seismographischen Gespür des einstigen Dissidenten: »Wir sollten unseren Sinn für die moralische Ordnung schärfen, die in uns ist und gleichzeitig über uns steht. Denn wir wissen, wozu Gleichgültigkeit gegenüber Dämonen führen kann, die sich in entwurzelte Seelen hineinzudrängen versuchen.«

Eine Gesellschaft, die zu verrohen droht, in der Vergewaltigung, Gewalt und Morde schon an der Tagesordnung sind, in der Kinderpornos und Pädophilie kaum noch jemanden schrecken, in der schon – von Frauen erzogene – Kinder und Jugendliche klauen, morden, vergewaltigen, Alte und Behinderte bedrohen und Tiere quälen, in der Menschen bei Gewalttaten zugucken, ohne einzugreifen, in der viele meinen, es gäbe auch ohne Arbeit Geld, in der junge Frauen so hungern, daß sie aussehen, als seien sie Überlebende von Auschwitz, kann sich Frauen nicht leisten, die jeder neuen Strömung hinterher- und damit ins Abseits laufen. Bei den Trends gibt es nie ein Ende, und die Zukunft ist nie dort, wo man gerade ist. »Her mit dem nächsten, dem nächsten und dem übernächsten!« raunt es an allen Ecken und Enden. Es sei denn, Frauen machen dem selbst ein Ende und lassen Menschlichkeit wieder zu.

Gerade diese Frauen mit Geld, Bildung und Wissen werden gebraucht, um den wahren »weiblichen Werten«, die ja nicht ans Geschlecht gebunden sind – Solidarität und politische und mitmenschliche Verantwortung nämlich – wieder mehr Gehör zu verschaffen. Ganz engagiert im Hier und Heute.

2. Schönheit –
Zur Verstümmelung freigegeben

Kann denn Schönheit Sünde sein?

Natürlich will keine von uns alt aussehen – so oder so. Gut aussehen, gut dastehen macht Lust und Laune und das Leben leichter. Natürlich gehört zu den schönen Dingen des Lebens auch die Pflege des Körpers und das Schönmachen, die Freude an Farben und Düften, an Töpfen und Tiegeln. Schönheitspflege ist kein Luxus, sondern hat viel mit Wohlbefinden und Gesundheit zu tun. Das wird niemand bestreiten. Aber wenn negative Gefühle gegenüber sich selbst zur Besessenheit werden, dann wird es lebensgefährlich. Dann ist nichts im Leben mehr richtig. Jedes Scheitern, jeder Mißerfolg wird dann dafür verantwortlich gemacht, daß man nicht vollkommen und schön genug ist.
Schönheit entsteht im Auge des Betrachters, sagt man. Seit der Antike bemühen sich Philosophen, Schönheit zu definieren. Das, was schön gefunden wurde, änderte sich von Zeit zu Zeit und ist von Kultur zu Kultur unterschiedlich. Das Streben nach klassischer Vollkommenheit war ein wesentliches Merkmal jedes Schönheits-

kults. Schönheit war vor allem ein Auswahlkriterium bei der Partnerwahl. Jugendlichkeit und Gesundheit verhießen nämlich Fruchtbarkeit und Nachkommenschaft. Zu allen Zeiten haben Frauen versucht, dem jeweiligen Ideal zu entsprechen – wenn sie es sich leisten konnten und soweit sie nicht rund um die Uhr mit der Sicherung ihrer Existenz und der ihrer Familie beschäftigt waren. Inzwischen führen mehr Frauen denn je ein Leben hinter dem wirklichen Leben: Sie versuchen ihre Körperlichkeit und ihre Schönheit mit allen erdenklichen Mitteln in ein vorgegebenes Schema einzupassen. Weil ihnen suggeriert wird, sie seien sonst nichts wert, und sie es infolgedessen auch schon selber glauben. Diese Mittel liefert eine gigantische Schönheitsindustrie, die heute boomt wie noch nie. Kosmetika sind Verkaufsschlager, Fitneß-Center und Beautyfarmen ebensolche absoluten Renner wie Schönheitschirurgie oder Diätbücher. Mode zieht ihren Konsumentinnen durch ständig wechselnde Trends Unsummen aus den Designertaschen.

Die gängigen Schönheitsideale verlangen eine für die meisten unerreichbare Mixtur aus extremer Schlankheit, ebenmäßigen Gesichtszügen, faltenloser Haut, großen unschuldigen Augen, knabenhaften Hüften, straffem knospenden Busen, knackigem kleinen Po, Beinen »bis zum Hals«, seidig glänzendem Haar und einer mehr oder weniger vagen Verheißung von Sex und Erotik. Mit der individuellen Schönheit der einzelnen Frau, mit ihren unverwechselbaren Ausprägungen haben

diese Maßstäbe meist nichts gemein. Und das ist auch durchaus so gewollt. Denn sonst ließe sich nichts gewinnbringend an die Frau bringen.
Das Schönheitsideal, das heute – wieder einmal – propagiert wird, verteufelt alles, was die Natur der Frau an Weiblichkeit mit auf den Weg gegeben hat. Dazu gehören Rundungen an Hüfte und Oberschenkeln und ein Körper, der sich schon innerhalb des Zyklus ganz natürlich verändert. Gemessen an den propagierten Normen können Frauen so, wie sie von Natur aus sind, nie richtig sein. Sie werden es auch nie werden. Denn das Ziel ist durch multimediale Marktstrategien bewußt so abwegig konstruiert, daß Frauen aus Fleisch und Blut mit ihren Stärken und Schwächen, mit ihren Wünschen und Widersprüchen es niemals erreichen können. Dennoch wird ihnen suggeriert, sie könnten es schaffen. Am Geld scheitert es nicht, denn das verdienen Frauen inzwischen. Und sie verpulvern es auch reichlich für die Verheißung der idealen Schönheit.
Woher rührt der Drang unserer Gesellschaft, die wirklichen Frauen nicht akzeptieren zu wollen und »die Frau« auf eine schöne Formel zu reduzieren? Dahinter steckt vor allem ein massives ökonomisches Interesse, denn mit der Ware Schönheit ist jede Menge Geld zu machen. Eine Frau, die schön sein will, ist ein nicht zu unterschätzender Marktfaktor. Ein Wirtschaftssystem, das mit der Schönheit Geld verdienen will, muß auch dafür sorgen, daß dieses Ideal nie erreicht wird. Denn dann wäre es schließlich aus mit der sprudelnden Geld-

quelle. Deshalb müssen Frauen unzufrieden mit sich selbst bleiben und *dürfen* das Ziel gar nicht erreichen. Aus diesem Grund muß ein Trend den anderen ablösen, und das in möglichst kurzer Folge. Und die Frau muß jeden von ihnen mitmachen.

Was gerade angesagt ist, sagen ihr stets andere – allen voran die Frauenzeitschriften. Mit ihren Kosmetik- und Modegeschichten, Fitneßprogrammen, Idealdiäten, Trendfrisuren, Wellnesswellen und ihrer Schönheits-, Hormon- und Vitamin-Propaganda bereiten sie der obsessiven Beschäftigung mit dem Äußeren den Weg. Wieder und wieder wird Frauen erzählt, was sie zu tun oder zu lassen haben. Und die begleitenden Anzeigen hauen nicht zufällig in dieselbe Kerbe. Werbung suggeriert, daß Schönheit nicht nur machbar, sondern auch für gutes Geld zu haben ist. Jede Frau kann es durch harte Arbeit und Konsequenz zu Schönheit bringen. Nur Mühe allein genügt eben nicht. Es müssen auch die richtigen Produkte konsumiert werden.

Den Frauen wird vorgegaukelt, daß ihr Geld gut angelegt ist und Zinsen trägt, wenn sie es für ihre Schönheit ausgeben. Denn – so die Werbeversprechen – nur wer schön ist, wird geliebt, hat Erfolg und ist glücklich. Da Frauen inzwischen materiell unabhängig sind, kann man sie nur noch psychologisch schwächen. Untersuchungen zur Selbstwahrnehmung ergaben beispielsweise, daß sie ihre Körperfülle überschätzen und ihre beruflichen Leistungen konsequent unterschätzen. Deswegen müssen diese neuen Normen ihr Bewußtsein kolonialisieren, ihnen eine neue weibliche Welt mit eigenen Gesetzen und Aufgaben vortäuschen. Was früher Kinder, Küche, Kirche war, ist heute Karriere, Kosmetik und Körperpsychose. Nicht minder repressive Elemente also. Denn sie ziehen Frauen in einen Strudel aus Selbsthaß, Selbstzerfleischung, zwanghaftem Kreisen um vermeintliche Unvollkommenheiten, permanenter Selbstbeobachtung und ständiger Unzufriedenheit, Angst vor dem Älterwerden, Kontrollverlust und Lebenskrisen.

Und so werden sich Frauen immer weiter vormachen lassen, daß eine schöne Maske mehr wert sei als ihr eigenes Gesicht, ihr eigener Körper oder gar ihre Fähigkeiten. Ihr Selbstwertgefühl macht sich infolgedessen an der Hautoberfläche fest und verbietet ihnen, sich weiter vorzuwagen. Ihr selbstverdientes Geld tragen sie eher in die Drogerie als an die Börse. Der Zwang zur permanenten Schönheit beansprucht drei Dinge, die Mangelware sind: Geld, Zeit und Kraft.

Frauen in gehobenen Positionen wenden beispielsweise bis zu einem Drittel ihres Einkommens für die Selbstinstandsetzung auf. Fast 16 Milliarden Mark gaben die Deutschen 1997 allein für Pflege- und Kosmetikmittel aus. Von den Umsatzsteigerungen in Fitneß-Centern, Schönheitsfarmen, Arztpraxen, Apotheken, Sanatorien und Therapiezentren mal ganz abgesehen. Diese Investitionen tätigen sie in der Hoffnung, sich hinterher besser zu fühlen. Doch der Einsatz zahlt sich nicht aus. Als Zinsen gibt es lediglich ein schales Gefühl von Hilf- und

Hoffnungslosigkeit: Hat ja doch alles nichts genützt, ich bin doch immer noch die alte ...

Was bleibt, sind ausgepowerte Frauen. Sie müssen schließlich nicht nur im Beruf mehr als ihre männlichen Kollegen und zu Hause mehr als ihre Männer leisten, sondern täglich und immer wieder auch noch an ihrer Schönheit arbeiten. Das bindet Zeit und Kraft. Am Ende fehlt ihnen beides, um diesen schädlichen Mechanismus kritisch zu hinterfragen und zu ändern.

Der Schönheitsmythos wirft Frauen aller Couleur in einen Topf: Hausfrauen, Prostituierte, Feministinnen, Karrierefrauen. Keine kann letztendlich vor ihm bestehen.

Und so müssen sie sich gegenseitig belauern, wer es besser oder schlechter schafft als sie selbst. So erfüllen die Schönheitsnormen in bewährter Weise auch die Teile-und-herrsche-Mission und isolieren Frauen voneinander, indem sie die Konkurrenz schüren. Frauen neigen dazu, ihre Geschlechtsgenossinnen zu hassen, wenn die zu gut aussehen, und sie abzuwerten, wenn sie nicht gut genug aussehen. Sind schöne Frauen erfolgreich, wird vermutet, sie könnten sich nur hochgeschlafen haben, nicht so hübschen wird unterstellt, sie bräuchten den Erfolg als Kompensation für fehlende Schönheit. Bloß nicht solidarisch sein, nur gleich aussehen, lautet die Parole.

Tatsächlich geht es also nicht um das Aussehen von Frauen an sich, sondern darum, daß sie willig akzeptieren, was ihnen – nach der Meinung anderer – zusteht und was nicht. Das hindert sie daran, ein erfülltes Leben in der Gegenwart zu führen und sich möglicherweise auf berechtigte soziale und politische Forderungen zu besinnen und in dieser Hinsicht aktiv zu werden. Diese Schönheitsnormen entmutigen die Frauen auch, sich in sexueller Hinsicht als uneingeschränkt schön zu empfinden und zu erleben. Und sich lieben zu lassen, wie sie sind. Und so vergiften sie auch die Beziehung zwischen Mann und Frau.

Die zwanghafte Beschäftigung mit ihrem Äußeren gehört laut Befragungen zu den Dingen, die Männer mit am meisten an Frauen nerven. Vor allem weil sie es ihnen niemals recht machen können: Findet er sie schön, glaubt sie, daß er sie nur deswegen liebt und nicht weil sie ist, wie sie wirklich ist. Sagt er, er liebe sie so, wie sie ist, ist sie verzweifelt, weil sie denkt, wie kann er nur eine häßliche Frau wie mich lieben? Doch jede Frau, die begehrt wird, ist schön. Nicht die Schönheit bestimmt, wen wir lieben, sondern die Liebe bestimmt, wen wir schön finden.

So wird die Angst vor dem Leben geschürt. Alles, was bei Frauen nach einem erfüllten Leben aussieht, wird geächtet. Am Ende, so scheint es, gewinnen die Frauen, die am dünnsten sind und am wenigsten Falten haben. Schöne, aber gesichtslose Silikon-Puppen. Körper und Seele erstarren, weil ihnen ihre eigene Geschichte verwehrt wird.

Gegenwehr? Abschminken!

Die Beschäftigung mit dem eigenen Körper kann zur Sucht werden, die Ware Schönheit zum Rauschmittel. Die Schönheitsdealer haben dann ihr Ziel erreicht: Der Konsum von Kosmetika, Salben, Antifaltencremes, Schnelldiäten, Fitneß-Foltermaschinen, Hormonpräparaten, Schönheitsoperationen, Ersatzteilen und Vitaminpillen ist nicht mehr zu bremsen. Im Gegenteil: Es werden immer mehr davon gebraucht.

Die Sucht wird dadurch gefördert, daß die meisten Mittel und Möglichkeiten auf Daueranwendung, Wiederholung oder Mengensteigerung angelegt sind. Aussagen wie »kurmäßig anzuwenden«, »dreimal täglich«, »garantiert zwei Jahre haltbar«, »erste sichtbare Erfolge nach zwölf Wochen« mögen dies ebenso bestätigen wie die Tatsache, daß für jede Falte eine andere Creme verordnet wird. Wer einen Kosmetiksalon oder eine Parfümerie als gutgelaunte Frau betritt, die sich in ihrer Haut wohl fühlt, geht meist als gramgebeugte, in Sekunden verwelkte Person wieder hinaus – »preshrinkled« gewissermaßen. Aber natürlich nicht ohne eine Tüte voll teurer Gegenmittel – auch wenn man sich nur ein Paar Badelatschen kaufen wollte. Das gut geschulte und perfekt gestylte Personal entdeckt gnadenlos jede Falte – schon unter der Haut, noch bevor sie das Licht der Welt erblickt hat. In einem Stadium selbstverständlich, in dem sich »zum Glück« noch etwas machen läßt. Gegenwehr kann man sich abschminken.

Viele der angebotenen Präparate sollen vor allem gegen »vorzeitiges Altern« helfen. Damit hat sich die Kosmetikindustrie einen besonders geschickten Schachzug ausgedacht: Sie schürt die Angst vor einer Sache, die es gar nicht gibt. Wer sagt denn, was vorzeitig oder zeitig ist? Und sie liefert gleichzeitig Mittel dagegen, deren Wirkung gar nicht nachgewiesen werden kann. Wer weiß denn schon, wie alt man ohne diese Präparate morgen oder übermorgen aussähe?
Aber immerhin, die Haut erhält durch Kosmetika auch allerhand – Versprechungen:

- eine völlig neue Ausstrahlung,
- neue Lebensenergie,
- Schutz vor Umweltschäden,
- eine hochwirksame Energiequelle, aus der die Haut alles schöpft, was sie braucht,
- straffere Gesichtskonturen,
- mehr Frische, mehr Glätte, mehr Feuchtigkeit,
- Hautreaktionen werden in ihrem Ursprung gestoppt,
- das natürliche Gleichgewicht wird wiederhergestellt,
- die Biosphäre der Haut wird geschützt,
- wunderbare Energie für die Haut,
- der Haut wird eine schöne Zukunft bereitet.

Und das Ganze selbstverständlich auf sanfte und natürliche Weise mit Stoffen aus der Natur und hochkomplizierten neuen Erfindungen aus dem Labor. Ein großer Teil wurde von der Stiftung Warentest unter die Lupe genommen und für absolut wirkungslos erklärt. Was ja auch im Sinne des Dealers ist …

Die Schönen und der Schein

Auch die Welt der Schönsten der Schönen ist eine Welt der Sucht. Kaum ein Model kann seine Kleiderständerfigur ohne Eingriffe von außen halten, kaum eines übersteht den anstrengenden Alltag ohne Drogen. Appetitzügler, Rauschgifte und Medikamente haben Hochkonjunktur auf den Brettern, die die Welt bedeuten. »Das ganze Geschäft ist eine Riesenlüge«, wird das 17jährige Model Tina im »Stern« zitiert. »Wir nehmen Koks, Speed, Valium, Hungerbremsen, damit wir dünn und beschissen fröhlich bleiben.«

Selbst die millionenteure Liga der Supermodels kokst, um dünn zu bleiben. Was wie ein lässiger Jet-set-Spaß aussieht, ist in Wirklichkeit hammerhartes Doping. Unter dem Zwang, zu jeder Tages- und Nachtzeit berstend frisch, gesund und unendlich selbstüberzeugt auszusehen, müssen Kokain und andere Aufputschmittel einfach her. Selbstzweifel und Essensgelüste müssen weggeblasen werden. Hinzu kommt, daß die meisten Models noch sehr, sehr jung sind – fast noch Kinder, die eigentlich lieber zu Hause und in der Schule sein, bei Pizza und Cola, oder sich in der Disco oder beim Inlineskaten austoben sollten. Der Preis für diese Art von »Schönheit« ist hoch. Viele Models bezahlen mit Abhängigkeit und schweren, oft lebenslangen Krankheiten – einige sogar mit dem Tod.

Festgezurrte Zombies

Die Werbesprüche vieler Schönheitschirurgen hören sich verlockend an. Schönheit ist auch mit Laser, Skalpell und Messer machbar, Frau Nachbar. Je früher man anfängt und je besser die ersten Eingriffe gelingen, desto größer die Gefahr, daß man zu einem Skalpell-Junkie wird. Was einem nicht gefällt, wird einfach weggeschnippelt oder umgemodelt. Kostet ja nur Zeit und Geld. Heute der Hals, morgen die Nase, übermorgen das Komplett-Lifting, bis die Augenbrauen am Haaransatz sitzen und eine Frau aussieht wie ein festgezurrter Zombie.

Clevere Schönheitschirurgen spekulieren sogar mit diesem Suchteffekt. All dies hat nichts mehr mit den ursprünglichen Aufgaben der Plastischen und Wiederherstellungschirurgie zu tun, die nach Unfällen, Bränden oder Krebsoperationen oft Erstaunliches leistet. Bei diesem Medizinzweig muß man in der Tat von Helfen und Heilen sprechen, denn er ermöglicht vielen Patienten – auch in seelischer Hinsicht – das Weiterleben.

Mehr als 130 000 zumeist junge Frauen entschließen sich jährlich allein in Deutschland zu einer Schönheitsoperation. Nicht selten sind es attraktive Frauen, bei denen ein Außenstehender vergeblich nach »Mängeln« sucht. Neuralgische Punkte sind vor allem die Körperteile, die besonders weiblich sind: Busen, Po und Oberschenkel. Diese »Problemzonen« müssen – so glauben diese Frauen – unbedingt nachgebessert werden.

Unter den »heilenden Händen« der Ärzte werden beispielsweise Fettzellen abgesaugt oder vorher bei leichter Narkose mit Ultraschall zum Platzen gebracht, mit Schwachstromnadeln gepikst oder mit männlichen Geschlechtshormonen geflutet. Schmerzen, Komplikationen, Mißerfolge und fehlende Langzeitergebnisse werden in Kauf genommen. Als einziger Nachteil wird beklagt, daß die Krankenkassen sich nicht an den Kosten beteiligen.

Wieviel Millionen Frauen einen Operateur ohne Krankheitsbefund an ihre Brust gelassen haben, ist kaum zu schätzen. Das läßt sich nicht einmal an der entsprechend hohen Zahl grausiger Mißerfolge, Verstümmelungen und Folgekrankheiten ermessen. Wahrscheinlich haben sich im jüngsten Silikon-Implantat-Skandal nicht alle geschädigten Opfer geoutet, obwohl an die Hersteller der Kunstkissen gigantische Schadenersatzforderungen gestellt wurden.

Die Vereinigung der deutschen Plastischen Chirurgen geht davon aus, daß hierzulande etwa 250 000 Frauen die in Verruf geratenen Silikonkissen tragen. Warum sie und die vielen mit anderen schönheitschirurgischen Methoden brustkorrigierten Frauen auf diese Weise Hand an sich legen lassen – ohne daß eine Erkrankung vorliegt –, erklären ihre Ärzte gern wortreich und schreiben sich damit auch ihren Freibrief als »Heiler«: Diese Frauen haben gelitten – meist seelisch: unter ihrem gestörten Selbstwertgefühl, unter Liebesverlust, unter dem Empfinden, nicht als richtige Frau zu gelten, weil sie keine Perspektive sahen, weiterzuleben, kontaktscheu wurden und unfähig zu einer sexuellen Beziehung. Mit anderen Gründen – etwa: dem Partner zuliebe, weil am Strand oben ohne angesagt ist, weil die Freundin auch einen neuen Busen geschenkt bekam, weil die Mode gerade den engen Pullover oder das nasse T-Shirt propagiert – kann sie einem seriösen, zum Heilen berufenen Mediziner doch nicht kommen. Oder?

Zur neuen Nase, zur Freiheit

Die häufigste Schönheitsoperation in Deutschland ist die Nasenkorrektur. Obwohl sie durchaus nicht der einfachste Eingriff ist. Frauen orientieren sich mit ihren Wünschen meist an Hollywood und möchten eine Barbie-Nase. In den USA bekommen immer mehr Teenies bereits zu ihrem achtzehnten Geburtstag von den Eltern eine neue Nase geschenkt. Erschreckend ist, daß diese »Nasenwelle« auch auf uns zurollt. Mühelos kann man in Inseraten oder den gelben Seiten einen Arzt finden, der einem ein neues Riechorgan verpaßt – allerdings bestimmt keinen guten Riecher für das, was Frauen guttut.

Nach der Lidstraffung rangiert das komplette Facelifting auf Platz drei der Wunschliste der deutschen Frauen, die sich operieren lassen wollen. Ob der neue Faltenwurf nun mit Laser oder mit dem Messer gerafft wird, es ist niemals ein einmaliger Eingriff. Fast immer

muß er nach einer Weile wiederholt werden. Was dann nicht nur der besten Freundin auffällt. Immer häufiger sieht man nicht mehr nur im Fernsehen Frauen, die durch Schönheitseingriffe entstellte Gesichtszüge haben.
Warnungen vor Pfusch und Entstellung sind keine Seltenheit. Auch vor den Verursachern – Dilettanten und Anfängern – wird aus dem etablierten Kollegenkreis und von Berufsverbänden gewarnt. Von den zum Teil gravierenden gesundheitlichen Risiken, den Mißerfolgen und der manchmal kurzen Dauer der Erfolge ist nur selten die Rede. Trotzdem gibt es immer wieder traurige Ergebnisse: schielende Brustwarzen, Bluthundaugen, Münder wie geplatzte Weißwürste oder schmalgezerrt und verhärtet wie angetautes Gefriergeflügel, schiefe Minikinne, wandernde Implantate, Nasenlöcher wie ein Schweinerüssel, Narbenstränge wie Schiffstaue oder Oberschenkel wie eine Roßhaarmatratze. Lieber Versuchskaninchen als graue Maus?
»Die Heerschar der Frauen mit erbärmlich verpfuschten Gesichtern wächst!« sagt auch der Schönheitschirurg Dr. Joram Levy. Seine Fotosammlung von Frauen, deren Gesichter von Kollegen zerstört und zu grauenvollen Zombiemasken operiert wurden, schreckt seine eigenen Patientinnen natürlich nicht ab, sich seinen feinen Operationsfingern auszuliefern. Es stört sie auch nicht, daß er sie dabei nach seinem eigenen Bilde formt – wie der liebe Gott in der Bibel den Menschen, allerdings mit dem Messer. Er gestaltet die Gesichter

seiner Patientinnen so um, daß sie in seinen Augen ein »ästhetisches Gesamtkunstwerk« werden und er sich glatt »in sie verlieben kann« – theoretisch oder praktisch.
In Amerika könnten möglicherweise bald alle neuen Gesichter zum Verlieben gleich aussehen. Um zu zeigen, was Schönheit wirklich ist, hat der Hollywood-Schönheitschirurg Stephen Marquardt eine mathematisch errechnete Schablone entwickelt, mit der das perfekte Gesicht vermessen wird. Zwanzig Jahre Forschungsarbeit (er ist jetzt neunundvierzig) hat er dazu gebraucht, Schönheit in diese Schablone zu pressen. Bevor er nun zum Messer greift, Lider strafft und Falten kappt, Nasen formt, Lippen und Wangen polstert, prüft er mit dieser sogenannten Maske, wo das Gesicht mit seinen Ideallinien nicht übereinstimmt. Erst dann verpaßt er ein neues. Der Schönheitsforscher ist überzeugt, je perfekter die Maske zum Gesicht paßt, desto schöner der Mensch. Damit ist er auch dem geklonten Menschen schon ein schönes Stück näher gekommen.
Schönheitsoperierte Frauen jedoch kommen sich selbst dadurch kein schönes Stück näher. Die meisten berichten, daß sich nach der Operation nichts geändert hat und sie erkennen mußten, daß ihr Problem nicht ihre Nase oder eine Falte war. Ein verstümmeltes Selbstwertgefühl läßt sich nicht mit einer Plastik aufbauen.

Ein ganz besonderes »Problem« scheinen für viele Frauen natürliche Polsterungen und Rundungen an Bauch, Po und Oberschenkeln zu sein. Eine Spezialität dieser Gewebeschichten ist es, daß sie unter gewissen Umständen und Lichtverhältnissen etwas dellig aussehen, was ihnen den Namen Orangenhaut einbrachte. Bei den wenigsten ist das so ausgeprägt, daß es sich überhaupt lohnte, darüber zu sprechen. Aber von den Medien angeheizt, findet seit einigen Jahrzehnten eine regelrechte Hetzkampagne und Verteufelung dieser »Problemzonen« statt, die, zunächst als Entzündung – Zellulitis – deklariert, heute unter der hochwissenschaftlichen und feineren Bezeichnung Cellulite von allen Bereichen der Schönheitsindustrie unter Dauertherapie genommen wird.

Von der Natur eigentlich klug als Schutz bei Schwangerschaften, beim Stillen und für Notzeiten gedacht, empfinden Frauen diese Polster jedoch als entstellend und sagen ihnen einen erbitterten Kampf an. Auch dieser Kampf ist ein Kampf gegen Windmühlenflügel – von nutzlos bis zu Nebenwirkungen.

Gnadenlos und unablässig werden die Hautpolster gesalbt, wechselgeduscht, gebürstet, mit Noppenkugeln und Lamellen massiert, mit Stachelrädchen traktiert und an Fitneß-Maschinen gefoltert. Statt leckerer Suppe gibt es Algentee und Kapselkuren. Wenn das alles nichts nützt – was es nach einer Untersuchung der Stiftung Warentest nicht tut –, kommt der Problemzonendoktor zum Zuge und zu Honoraren bis zu 10 000 Mark für zwei Schenkel. Denn ein Schenkel kommt selten allein oder mit anderen Worten: Auf einem Bein muß der Doktor nicht stehen.

Dem Arzt steht eine Vielzahl von Möglichkeiten zur Verfügung. Seit zirka fünfzehn Jahren wird beispielsweise durch die sogenannte Liposuktion Fett abgesaugt. In den letzten Jahren haben sich die Nachteile herausgestellt: Je großflächiger der Chirurg mit der Saugkanüle das Fettgewebe unter der Haut fächerförmig bearbeitet, desto größer ist die Gefahr, daß später Unebenheiten und häßliche Dellen zurückbleiben. Versprengte Fettzellen können sich auch irgendwo im Körper wieder ansiedeln – etwa an den Brüsten oder auf dem Handrücken.

Deswegen empfiehlt der Doktor heute lieber die Cellulipolyse. Eine Methode, die aber auch erheblich weiter geht: Mit superfeinen Nadeln wird in die Haut gepikst, und vorhandene Fettzellen werden per Schwachstrom weggeschmolzen. Nachteil: Übergewichtige Frauen müssen dafür erst abspecken, und für ältere Frauen und solche mit Krampfadern, Besenreisern und Bluthochdruck kommt die Methode gar nicht in Frage. Die ideale Patientin ist also eine Frau ohne Cellulite. Je nach Arzt und »Schwere des Problems« kostet eine Sitzung rund 300 Mark.

Weit teurer wird das Absaugen, wenn es nicht mit Schwachstrom, sondern mit Ultraschall und Minioperation kombiniert ist. Dazu werden unter Narkose die Zellen mit Kochsalzlösung aufgeschwemmt und durch einen Hautschnitt mit einer Ultrasonde zum Platzen gebracht. Anschließend wird das Fett abgesaugt. Der Erfolg ist erst nach knapp zwei Monaten zu sehen. Als Nachteile der Methode gelten Ödeme, Wochen andauernde Schwellungen, blaue Flecken und heftige Schmerzen.

Ein Schönheitsdoktor versteigt sich sogar zu solchen Behauptungen: »Cellulite ist kein gottgegebenes weibliches Schicksal, sondern eine Hormonstörung!« oder »Die Cellulite ist weder auf einen Erdteil beschränkt noch als ›Kulturkrankheit‹ einzustufen. Sie kommt in China ebenso vor wie in Rußland und Japan.« Warum sollte sie auch nicht, da auch hier ganz normale Frauen leben, die Kinder gebären und aufziehen. Und natürlich preist er gleichzeitig eine dazu passende, von ihm entwickelte Therapie an. Er bekämpft das »typisch weibliche Leiden« mit männlichen Hormonen. Den »entgleisten weiblichen Hormonhaushalt« versucht er auf zweierlei Weise zu regulieren: einmal mit Gel, das männliche Geschlechtshormone enthält und über die Haut in die Fettzellen eindringen und dort das »überschüssige« weibliche Hormon Östrogen verdrängen soll. Als noch wirksamer werden Hormonspritzen direkt in die Fettzellen angepriesen. Die gesamte Prozedur dauert mindestens ein halbes Jahr, bis sich erstmals etwas bewegt. In dieser Zeit läuft die Frau wie eine eingewickelte Mumie mit Stretchbinden und ähnlich eroti-

schen Dessous durch die Welt. Pro Sitzung müssen über 100 Mark gelöhnt werden.
Langzeituntersuchungen liegen bislang nicht vor. Vielfach erwiesen ist jedoch, daß selbst der geringste Zusatz von künstlichen Hormonen gefährliche Nebenwirkungen haben kann. Schwangere und Stillende sollten diese »Therapie« überhaupt nicht in Betracht ziehen. Der Erfolg dieser Methode kann logischerweise nicht von Dauer sein. Allenfalls eine Dauerbehandlung vermag die Wirkung des künstlich »ausbalancierten Hormonhaushalts« aufrechtzuerhalten. Das vertreibt zumindest die Polster im Portemonnaie.

Pillenwunder – Wunderpillen

Auch Hormonpillen, Schönheitskapseln und Jungbrunnen-Tabletten haben einen weiteren Markt eröffnet. Vor allem in den USA jagt in den letzten Jahren eine vermeintliche Wundermittelentdeckung in Sachen Schönheit und Jugend die nächste. Der Run auf das ewige Leben in voller Schönheit ist entbrannt. Doch auch das wird am Ende nichts für jedefrau werden, denn die physische Runderneuerung wird Milliarden verschlingen.
Hormonpräparate – wie Melatonin, Kortison, Östrogene, Androgene und Wachstumshormone – finden bei uns auch jetzt schon reißenden Absatz, obwohl grundsätzlich rezeptpflichtig oder sogar verboten. Per

Privatrezept vom Arzt, über die Internationale Apotheke oder aus ausländischen Quellen lassen sich diese Mittel auch hierzulande problemlos besorgen.

Warnungen und Verbote der Gesundheitsbehörden vor Risiken, Nebenwirkungen und Spätfolgen verhallen ungehört. Die Beipackzettelhysterie scheint an all diesen Mitteln spurlos vorüberzugehen. Nur ein Beispiel: Kortison wurde lange Zeit wegen seiner wirklich schwerwiegenden Nebenwirkungen gerade auch von Frauen als schlimme Heimsuchung der Medizin verteufelt. Das ging sogar so weit, daß bei lebensbedrohlicher Atemnot wie beispielsweise beim Asthma das in diesem Fall lebensrettende Kortison abgelehnt wurde. Wenn es um Kortison als Schönheitsdroge geht, scheint der Verstand hingegen auszusetzen.

Auch bei Melatonin ist es mit der Kritikfähigkeit anscheinend nicht weit her. Denn – obwohl bei uns verboten – allein 1996 wurde ein Jahresumsatz von 180 Millionen Mark erzielt. Die Euphorie um Melatonin als Quelle von Jugend, Fitneß und Gesundheit störte sich nicht an möglichen Gefahren. Der Wirbel um dieses Mittel ist überdies ein besonders krasses Beispiel für ein mediengestütztes, breitenwirksames Marketing.

Melatonin ist das Hormon der Zirbeldrüse, eines kleinen Bereichs im Gehirn. Die Bildung des Hormons wird durch den Hell-Dunkel-Rhythmus unserer Umwelt gesteuert. In den letzten Jahren wurden seine vielfältigen Wirkungen gepriesen: Es soll vorbeugend gegen Alzheimer, Aids, Depressionen, Osteoporose, gegen Krebs und gegen die vermeintlich größte Epidemie unseres Jahrhunderts – das Alter helfen. Gestützt waren diese Prognosen auf nur wenige wirkliche Erkenntnisse, die inzwischen als fauler Zauber entlarvt sind. Sicher ist, daß Melatonin an vielen wichtigen Prozessen im Körper beteiligt ist. Um seine positive Wirkung zu unterstützen, reicht allerdings schon ein einigermaßen vernünftiger Lebenswandel mit ausreichend gutem Schlaf.

Zudem scheint Melatonin schon kurzfristig nicht so nebenwirkungsfrei zu sein, wie behauptet wird. Die Fachzeitschrift »Psychologie heute« berichtet von Kopfweh, morgendlicher Benommenheit, depressiver Verstimmung und weniger Liebeslust. In neueren Studien wird belegt, daß Melatonin zu Gefäßverengungen in Herz und Lunge führen kann und die Geschlechtsorgane schrumpfen läßt. Bei Frauen wird dadurch der Eisprung verhindert, was bedeutet, daß ihnen Kinder verwehrt bleiben.

Das hat nun auch die bundesdeutschen Gesundheitsbehörden auf den Plan gerufen, die eindringlich warnen, Melatonin sei eine hochwirksame pharmakologische Substanz, deren Wirksamkeit und Unbedenklichkeit nicht hinreichend bewiesen sei.

Ganz ähnlich verhält es sich mit Wachstumshormonen. Mehr als 100 000 Menschen im Jahr nehmen Wachstumshormone nicht als Medikament gegen Kleinwüchsigkeit, sondern als Fettschmelze gegen einen zu dick

geratenen Bauch. Nebenwirkungen sind Diabetes, Ödeme, Herz- und Hirninfarkt und psychische Abhängigkeit. Gleichzeitig ist eine fortlaufende Einnahme notwendig.
Schlank werden ohne Hungern versprechen auch neue Wunderpillen, die in Deutschland als Isomeride auf dem Markt sind. Der Wirkstoff greift in den Stoffwechsel des Gehirns ein, das dem Magen daraufhin ein permanentes Sättigungsgefühl vorgaukelt. Nebenwirkungen – soweit bis heute bekannt: Müdigkeit, Lungenhochdruck, Durchfall, Schwitzen und Übelkeit. Nach wenigen Monaten läßt die Wirkung nach. Und nach dem Absetzen sowieso. Meist sind die ungeliebten Pfunde schnell wieder auf den Rippen.
Nicht nur Fettpolster, sondern auch Alterserscheinungen oder Krankheiten wie Osteoporose, Impotenz, Alzheimer oder Krebs sollen bei einer Therapie mit männlichen Hormonen weichen. DHEA – Dehydroepiandrosteron – wurde in der amerikanischen Presse und jetzt vom deutschen Magazin »Stern« als Jungbrunnen bejubelt. Bei Ratten – so ergaben Studien des Deutschen Krebsforschungszentrums in Heidelberg – wird durch das Hormon nachweislich Leberkrebs ausgelöst. Es ist eine biochemische Vorstufe des weiblichen Geschlechtshormons Östrogen und des männlichen Geschlechtshormons Testosteron, deren zum Teil gravierende Nebenwirkungen sehr wohl bekannt sind.
Für fast 700 Millionen Mark Umsatz sorgen Vitaminpräparate jeglicher Art. Vitamine – allen voran A, C und

E – werden als Antioxidantien gepriesen, die Krebs und Älterwerden verhindern sollen, indem sie aggressive Abfallprodukte des Körpers, die sogenannten freien Radikalen, unschädlich machen. Als Schönheitsvitamine – wirksam an Haut, Haar und Nägeln – werden sie gezielt an die Frau gebracht. Doch leider sollten wir auch von diesen Wundermitteln die Finger lassen, denn die Weltgesundheitsorganisation hat in einer Langzeitstudie Bedenkliches zutage gefördert: Sie konnte an Tausenden von Versuchspersonen keinerlei positive Wirkungen durch Vitaminpräparate feststellen. Im Gegenteil: Den armen Vitaminschluckern ging es gesundheitlich sogar deutlich schlechter als den unbehandelten Kontrollpersonen.
Aktuellen amerikanischen Untersuchungen zufolge ist von Vitaminen auch kein Schutz vor Krebs zu erwarten. Und natürlich haben auch Vitamine in Überdosierung zum Teil schwere Nebenwirkungen – zumal sich die »richtigen« Mengen kaum festlegen lassen. Wer sich ausgewogen, frisch und gesund ernährt, hat alle Trümpfe auf seiner Seite. Doch das ist wahrscheinlich nicht spektakulär genug und sorgt bei den Dealern auch nicht gerade für eine Überdosis Gewinn.

3. Mode –
Das Comeback des Miederhöschens

An die Wäsche durch Gehirnwäsche

Noch vor kurzem sagten uns die Modemacher: »Frauen dürfen wieder Kurven zeigen«. Mit dem Comeback der weiblichen Formen war allerdings etwas anderes gemeint als natürliche Rundungen. Aufatmen war also nicht angezeigt.

Mit diesem neuen Frauenideal hat die Diktatur des Schlankheitswahns und des Modetrendtheaters eine besondere Form der Unmöglichkeit kreiert. Körperliche Vollkommenheit rückte damit noch weiter in den Bereich des Wunschdenkens. Denn bei gleichbleibendem Körpergewicht sollten sich lediglich Po und Busen vorschriftsmäßig wölben. Ganze Heerscharen von Frauen griffen zur Mogelpackung, die üppige Oberweite vortäuscht, wo nur Knöspchen sprießen. Dem Wonderbra folgte schnell das rechte Popolster. Auch die Dessous-Industrie begriff fix, daß mit den unperfekten Bodys der Durchschnittsfrauen Millionenumsätze zu machen sind.

Unter der Hose ist heute der formende Stretch zurück,

den die Frauen damals im Aufbruch als einzwängendes und die Freiheit behinderndes Korsett empfanden: »Die klassische Miederhose mit perfekt formenden Nähten. Das schafft sexy Konturen«, so die Zeitschrift »Brigitte« 1995.

»Shapeware« heißt der Trend der Saison: Die altbackene, oft gesundheitsgefährdende Miederhose der Großmutter erlebt unter bedrohlichen Namen wie »waisteliminator« oder »tummyterminator« ein furioses Revival. Die Polster der Neunziger aus Mikrofaser und Satin haben nicht mehr viel mit den panzerhaften Liebestötern der Vorzeit gemein. »Die sind jetzt so weich wie Butter!« – so ein Hersteller. »Irgendwann muß sich das Mädel ja ausziehen!« graut es dennoch Heinz Bayer von »Heinz Slipery«. Lieber als traditionelle Hüfthosen verkauft der Münchner Fachmann Spitzenbodys mit Bauchwegpolster und String.

Illusionen macht Edeltraut Zettl von »Lady Dessous« in München zunichte: »Richtige Speckrollen kann man nicht wegzaubern. Die Zielgruppe hat sowieso meist nur kleine Pölsterchen. Hauptkundschaft für die Schummelwäsche sind die figurbewußten jungen Frauen zwischen fünfundzwanzig und fünfunddreißig.«

Mit anderen Worten: Erfolge sind nur da zu sehen, wo es überhaupt nicht nötig war. (Wahrscheinlich machen sie es, damit sie in eine kleinere Kleidergröße passen!)

Ich steh' zu meiner Figur!

»Brigitte«-Leserinnen, die wegen natürlicher Zwänge nicht in das richtige Maß kommen, sollen das Beste aus ihren Rundungen machen: »Die beste Einsicht: Nehmen sie sich so an, wie sie nun einmal gebaut sind.« Gleichzeitig kriegten sie aber ihr Fett weg: »... betont ganz bewußt ihre perfekten Formen, zeigt Busen, Hüften und die schmale Taille und versteckt ihre kräftigen geraden Beine, die wenig Kontur haben und auch an den Fesseln nicht schmal sind. ... klassische Mokassins bei großen Füßen, ... Ringe betonen die Hände, je größer, um so besser sieht's aus zu ihren üppigen Formen, ... enge Hosen machen schmaler, Muster mogeln einiges weg. ... oben schmal, ab Taille rund: da helfen keine Diät und kein regelmäßiger Sport. Der Körper- und Knochenbau bleibt, wie er ist. (Fazit: Er muß modisch geschickt in Szene gesetzt werden.) ... trägt bei dieser taillierten Größe 38, die gepolsterten Schultern sind ein guter Ausgleich zu den breiten Hüften. ... Busen und Bauch sind rund«.

Alles auf einmal

Doch auch der Wonderpo-wonderbra-Trend ist offiziell schon längst für tot erklärt worden, selbst Supermodel Claudia Schiffer sah sich unlängst gezwungen abzuspecken. Für die Haute Couture – das Aushängeschild für Frankreichs Prestigeartikel Mode – ist exklusive Maßarbeit seit langem nicht mehr rentabel. Gibt es doch nur noch etwa 300 Frauen, die bereit sind, für ein Kostüm 25 000 Mark oder für ein handbesticktes Abendkleid gar eine halbe Million auszugeben. Die 250 Millionen Francs, die die 15 Pariser Haute-Couture-Häuser mit ihren Luxuskreationen machen, sind Peanuts im Vergleich zu den 21 Milliarden Francs, die Konfektionsmode, Accessoires, Kosmetik und Parfüms bringen.

Eine der größeren Konsumforschungsstudien zu Shoppinggewohnheiten fand heraus, daß Frauen um so seltener Kleidung kauften, je selbstbewußter und emanzipierter sie wurden. Und je mehr ihnen ihre Arbeit Spaß machte, desto weniger dachten sie über ihre Kleidung nach. Die Studie ergab, daß nur drei Frauengruppen jede Mode mitmachten: die sehr jungen, die sehr geselligen und die sehr ängstlichen Frauen.

Rauschhaftes Kaufen ist danach eine weibliche Sucht, die mit geringem Selbstwertgefühl einhergeht. Es ist eine Kompensation für ein tiefsitzendes Gefühl, ohne diese Verkleidung nicht genug, nicht selbst, nicht bei sich zu sein. Je jünger die Models und je jugendlicher die Modelle, desto stärker werden die Ängste vor dem Alter geschürt.

Frau geht mit der Mode; wo sie ankommt, ist noch offen. Aber daß sie den in jeder Saison runderneuerten Geboten der Modehäuser willfährig folgt, ist offensichtlich. Das Wechseln der Klamotten gleicht dem Sichhäuten der Schlange. In ständig neuer Gestalt wollen Frauen von sich selbst oder dem, was sie sein könnten, ablenken. Kein neuer Gedanke, sondern jedes neue Kleid dient diesem hysterischen Ablenkungstick. Zu Hause stapeln sich deshalb die traurigen Berge von Kleidern, die ihr Versprechen nicht hielten.

Mehr Erfolg mit Männersachen

Marlene Dietrich, Jil Sander, Annie Lennox, Isabella Rossellini – selbstbewußte Frauen, die häufig wie vom Herrenausstatter gestylt wirken. Und für Frauen, deren Selbstbewußtsein gestärkt werden mußte, gab es prompt den Trend »Dress for success« mit dem männlichen Touch; in der Hoffnung, daß damit auch männliche Verhaltensweisen abfärben würden.
Der Griff in die Klamottenkiste der Männer: eine gute Alternative für Frauen, die es nicht nötig haben, ihren Busen als Magnet einzusetzen. Und wenn es darum geht, Problemzonen zu kaschieren, eignen sich weite Herrenhemden und Hosen sowieso viel besser als superenge Tops oder die neuen ultrakurzen Miniröcke.
Zwar macht auch die Lust am Verkleiden diesen Trend interessant, noch reizvoller ist allerdings: Androgyne Typen haben Erfolg im Job! »Wenn Ihnen Outfits im Herrenstil noch zu gewagt erscheinen, üben Sie einfach mit markanten Details: etwa mit Borsalino-Hut, Geh-

rock, Smoking, Weste, Hosenträgern, Hemd mit Manschetten, Schnürschuhen in Herrenform, Krawatte oder mit maskulinen Mustern: Glencheck, Nadelstreifen, Fischgrät, Tweed«, rät das »Journal der Frau«.
Doch schnell stellte sich heraus, daß der Maßanzug ein Dauerbrenner wurde. Er war kombinationsfähig, bequem und haltbar, also konsumfeindlich. Deswegen wurde er den Frauen flugs wieder ausgeredet mit so reizenden Schlagzeilen wie »Lebwohl kleiner Schlips!« oder »Der Tod von Dress for success!«, »Der Tod des doofen blauen Anzugs!« oder »Eine Uniform der Unterwerfung wird endlich zu Grabe getragen!«.
»Der neue Tageslook basiert auf Individualität!« So »Vogue« Anfang 1997. »Kostüm oder Hosenanzug sorgen kaum noch für Schlagzeilen. Die neuen Topthemen: das Jerseykleid. Die Hose mit Tunika oder knielangem Gehrock. Der Siebenachtel-Mantel aus Nappa.«
Jetzt soll uns dieses locken: »Die Mode stellt sich auch in dieser Saison wieder betont feminin und romantisch dar. Beruf und Weiblichkeit sind keine Gegensätze. Hosen mit figurfreundlichem Stretchanteil sind schmal ... neu in Sachen Stretch sind Abendblazer in Satin und Taft. Elegantes Understatement geht mit Sportlichkeit einher. Aus Amerika kommen Schlauchkleider aus Jersey, Kashmirkombinationen mit fließenden Röcken und aufregenden Leggins«, schwärmt das »Hamburger Abendblatt«.
»So hinreißend schön und vielseitig, vom edlen Businesslook über Tagesmode im Stil der Fifties bis hin zu

Sommerkleidern in Pastell«, lobt auch »Elle«. Und alles auf einmal: »Toll: die neuen Badeanzüge à la Hollywood.« – »Die neuen Fifties im Hausfrauen-Look.« Was da aussieht wie die Mode aus einem amerikanischen Nachkriegsfilm, entstammt den Kollektionen der internationalen Designer. Im Sommer '95 »veredelten« sie den Stil der fünfziger Jahre zu höchstfemininer Couture: »Raffinierte Kleider, sexy Oberteile und elegante Accessoires«. »Outdoor-Schick: Bleistiftröcke und Glockenshorts.« – »High Noon: Puffärmelblüschen stark tailliert.« – »Short cuts: Kleine Kleider, kariert oder kanariengelb.« – »Happy hour: Blümchenkleider und Lurexpulli.« – »Sommersirenen: Glamour für den Strand: raffinierte elegante Details, superweibliche Schnitte und als Farben nur Schwarz und Weiß.«

Nun hat der Gammellook mal Pause. Lustlose Schlabbersäcke à la Grunge in trostlosem Graubraun liegen im Ausverkauf. Wilde Hippie-Gewänder langweilen, Hiphop-Mode in X-Large-Größen verstaubt. Jetzt kommen Frauen, die es toll finden, sich wieder reizvoll anzuziehen. Sie setzen auf die neue feminine Linie, die Busen, Taille und Beine betont. Modemacher sind sich so einig wie selten: In den letzten Jahren wurde viel zuviel gefummelt. Eleganz wie einst in den Fifties ist jetzt angesagt. Die finden vor allem avangardistische Twens ganz cool. Retro heißt das Zauberwort für die kommende Saison.

Knapp, kurz und knalleng – das ist der Trend, den internationale Designer ihren modebewußten jungen Kundinnen jetzt nahelegen. Denn die Girls sind fit, fabelhaft in Form und wollen Fun. Und alles, was eine Nummer zu klein aussieht, ist ihnen da recht … schlicht und scharf … heißes Outfit: Donna Karan heizt mit roter Satinjacke an, Rifat Ozbek sorgt für Abkühlung mit Hüftschurz in Weiß.

Mit dem Girlie-Look, den Gianni Versace in der letzten Saison erfand, ist noch längst nicht Schluß. Der Schulmädchenstil mit überkurzen Röckchen läuft im Sommer weiter auf Hochtouren, am aufreizendsten in der Hot-Farbe Weiß.

Gerade zehn Jahre vorher hatte Christian Lacroix – selbstverständlich wie alle anderen auch »erstmals« – diesen Jungmädchen-Trend erfunden: »… schwebten hohlwangige Models über den Laufsteg, und ihre klapperdürren Körper schwankten unter 20 Pfund Taft und Krinolinen. An den hochgeschnürten Brüsten prangten kohlkopfgroße Rosen, unter den enggeschnürten Taillen bauschten sich kürbisförmige Röcke. Drei Lagen Taft hoben das Gesäß hervor.« Dies waren – wie Lacroix sagte – Kleider für Frauen, die sich gern wie kleine Mädchen anziehen.

»Strumpfhose trägt man wieder mit Naht.« Die Zeitschrift »Womens wear daily« feierte Lacroix' feminine Linie nicht deswegen, weil sie den Frauen das Recht auf

Spaß gibt, sondern weil sie die Frauen als unverdorbene junge Mädchen präsentiert, bereit, vernascht zu werden. Der Verleger dieser Frauenzeitschrift und legendärer Modekaiser sagte dazu, ganz besonders liebe er an diesen Kleidern, »daß man sie mitten in Lavendelfeldern sieht, getragen von glücklichen Jüngferchen, die gern keine Jüngferchen mehr wären«.

»Hauptsache schräg!« bejubelte der »Stern« die 97er Sommermode von John Galliano und deren Inszenierung im Heft: »Lustig wie ein Kindergeburtstag, bei dem alles schiefgeht.«

Wirklich lustig, wie da minderjährige nackte Models in Käfigen sitzen und mit Federn spielen oder nackend in einer öffentlichen Toilette liegen ...

»Farben und Muster sorgen für mädchenhafte Anmut, fließende Stoffe für erwachsenen Sex-Appeal ... Koketterie zwischen Mädchen und Frau, Unschuld und Wissen, zwischen Fee und Vamp«, beschreibt auch »Vogue« Anfang 1997 die Jüngferchen-Mode. Versace bietet – so das Hochglanzblatt – in dieser Saison »seriöses Grau, dynamische Klassik und dazu ein Hauch Lolita«.

Mädchen in der Pubertät folgen rudelweise dem jeweiligen Trend – ob er Plateauschuhe und Rucksack, zerrissene Jeans oder lange Röcke, enge Bodys oder Papas Karohemd verlangt. Während sie noch – altersgemäß – auf der Suche nach ihrer Identität sind, bleiben erwachsene Frauen unter dem Daumen der Couturiers. Sie versuchen offensichtlich durch hektisch wechselnde Staffagen ihrem eigenen Verdacht zu entgehen, ihre

Persönlichkeit allein reiche nicht aus. Ständig flüchten sie in Rollen, die man, oberflächlich betrachtet, vielleicht phantasievoll nennen könnte, die aber eines ganz bestimmt sind: von Panik diktiert. Sie wollen den Ton angeben und wählen das falsche Mittel.
Wenn man kleinen Mädchen Puppen schenkt, um sie auf die Mutterrolle vorzubereiten, stimmt man sie damit auch auf den Modekonsum ein. Die glücklichen Stunden der Kindheit, die damit vergehen, die bezaubernden Kleidchen an- und wieder auszuziehen, sind wenig mehr als eine Vorbereitung auf das Kaufhaus und die Einkaufzentren. Der Erfolg von Barbie – auch unter erwachsenen Frauen – gibt uns recht.

Der Mager-Lager-Look

Auch die Fotografen bestimmen mit, was in der Mode Trend ist. In zum Teil erschreckender Manier stellen sie Frauen – oder besser Mädchen – dar. Immer jünger, immer dünner, immer dümmer. Mag man vor Jahren noch unschwesterlich über Alice Schwarzers gerichtliche Bemühungen gelächelt haben, Helmut Newtons sexistische Frauenbilder vom »Stern«-Titel zu verbannen – so muß man ihr heute aus vollem Herzen recht geben. Die Fotos der meisten Modefotografen sind nicht nur sexistisch. Man muß bei dem heutigen massenhaften Einsatz von Bildern mittlerweile ernsthaft überlegen, inwieweit Fotografen und damit auch Zeitschriften der Kinderpornographie und dem Kindesmißbrauch durch die stetige Berieselung mit Abbildungen von minderjährigen, oft nackten oder leichtbekleideten Mädchen in großem Stil das Feld bereiten.

Der »Stern« – einst ein kritisches Magazin – ist sich nicht zu schade, diesen Trend massiv zu fördern. Allein die Tatsache, daß zum Beispiel ein Special über London mit einem Foto von nackten (!) jungen Schülerinnen und Studentinnen aufgemacht wurde, von denen die meisten minderjährig waren – eine sogar erst 14 Jahre alt –, spricht unseres Erachtens Bände und wäre einen konzertierten Aufschrei von Frauen wert gewesen.

Unsere Modeblätter zieren derzeit Kinder, die aussehen, als wären sie gerade einem Konzentrationslager entkommen – dabei waren sie nur bei Karl Lagerfeld und Konsorten. »Der Lack ist ab, Trendfotografen setzen nicht mehr auf Makellosigkeit, sondern auf die Magie des Destroyed-Look: Leerer Blick, schiefe Haltung: Die Models der neuen Fashionfotografen sehen aus, als kämen sie gerade aus dem Drogenrausch (was sie wahrscheinlich auch tun) oder hätten nächtelang nicht geschlafen. Statt in Luxushotels und an Floridastränden wird die Mode jetzt zwischen ödem Müll und auf schmuddeligen Teppichen abgelichtet. Mit gewollt unschöner Ästhetik sind junge Fotografen in London und New York zu Topstars avanciert. Trash-Glamour heißt ihre Parole. Die Gesichter auf ihren Bildern wirken erschöpft vom Fashion-Business und kommen gerade damit groß raus in Jil-Sander- und Calvin-Klein-

Werbekampagnen. Von einer glanzvollen Nacht wollen die ›Neuen‹ höchstens den Kater und die Augenringe sehen – mit Kalkül inszeniert. Das dünne Mädchen mit dem leeren Blick, der blasse Jüngling mit dem Tattoo fesseln das Auge, irritieren und faszinieren. Statt purer Schönheit, fettige Haare.« So der »Stern« in einem Bericht über »Fashion-Fotografie of the Nineties«. Und wie war das doch noch mit dem beunruhigend steigenden Drogenkonsum von Jugendlichen – kein Zusammenhang? Mal wieder der »Stern« , der in einem fast euphorischen Bericht über die 17jährige Bijoux Phillips ein weiteres Mal von des Nachdenkens Blässe nicht angekränkelt wird: Das Mädchen war bereits mit fünfzehn – drogenabhängig und kaputt – für eine Calvin-Klein-Reklame mit gespreizten Beinen fotografiert worden. Klein wurde vom FBI wegen Kinderpornographie vernommen, die immer noch minderjährige Bijoux ist heute ein Partyhit: »rein und verwahrlost zugleich«, schreibt das Blatt bewundernd.

Krieg in der Mode, Mode im Krieg

»Cosmopolitan« legte 1996 eine ganz besonders perfide Variante vor, die eigentlich ein Einschreiten des Presserates, zumindest aber einen entsetzten Aufschrei der Leserinnen hätte zur Folge haben müssen. Die Zeitschrift präsentierte den neuen Modetrend »Military-Look« auf dem Kriegs- und Krisenschauplatz Israel mit folgender

Begründung: »Kein Flecken der Erde ist seit jeher so umkämpft, geschunden von Krieg und Terror. Und nirgendwo fällt das Wort Frieden öfter als hier. Nur scheinbar ein Widerspruch. Genauso wie Mode und Militär nur auf den ersten Blick unvereinbar wirken. Deshalb hat Cosmo den neuen Military-Look in Israel fotografiert – eine starke, aber nie kriegerische Mode.« Und das gerade mal ein gutes halbes Jahr nach der Ermordung von Jitzhak Rabin und zwei Monate nach den Bombenattentaten palästinensischer Gruppen und nach zunehmender Zuspitzung der kriegerischen Auseinandersetzungen … Ein scheinkritischer Alibibericht wird als Vehikel benutzt, um Mode zu verkaufen. Überschrift: »Israel – das Licht der Hoffnung brennt weiter!« Auf dem Aufmacherfoto zündet sich ein klapperdürres Model in rosé Seidenstrick und Wildleder gerade eine Zigarette an. In diesem Bericht wird Mode hauptsächlich von Frauen vorgestellt, die Fotos sind ebenfalls von einer Frau. Da werden dann realistische Bilder aus dem Gazastreifen und Jerusalem inszenierten Modefotos gegenübergestellt. Und es finden sich abstruse und von politischem Wissen ungetrübte Bildunterschriften wie:

- »Fast im Gleichschritt. Hosenanzug von Prada und Militäruniform.«
- »Militarylook total in Grau und aus Shantungseide, Hemd und Hüfthose ca 1 500 Mark.«
- »Jerusalem: Spiel mir das Lied vom Frieden. Ganz unauffällig das Top, ca 50 Mark. Dazu glänzende Hose

ca 400 Mark.« Das aktuelle Foto zeigt drei Kinder mit Revolvern, die direkt auf den Betrachter schießen.

- »Weißes Hemdkleid aus doppellagigem Tüll, ca 1 680,– Mark. Darunter trägt sie ein Rippenhemd aus Baumwolle, ca 135 Mark. Outfit von Jil Sander.« Dieses Model kriecht durch die Wüste wie auf der Suche nach dem letzten Tropfen Wasser und entspricht dem neuesten Müll-Look.
- »Das Leid hat zu viele Namen, palästinensische und israelische ... Kurze Leinenjacke in Khaki ca 170 Mark ... Hellgraues Rippentop aus Baumwolle ca 40 Mark, Ohrstecker von Christ.« Das Leid wird illustriert durch das Foto von einem Stacheldrahtzaun.
- »In Jerusalem trägt sie einen anisgrünen Hosenanzug aus Jersey im Military-Stil; Jacke mit Gürtel ca 970 Mark, Hose ca 430 Mark.«

Unsere Leichen leben noch

»Ein bißchen blauer Dunst. Und schon fühlt Frau sich freier und ganz cool. Der Grund, daß immer mehr Frauen zum verrufenen Glimmstengel greifen? Auch die Schönen der Welt halten sich manchmal noch an einer Zigarette fest. Peter Lindberg hat sie fotografiert.« Dazu bietet der »Stern« ein Portfolio »Smoking Women« für knapp 30 Mark an und beschert der Öffentlichkeit in großem Stil auch noch eine Ausstellung dazu. Vom Kult in die Kunst. Dazu der bisher ein-

zige Kommentar der EG-Gesundheitsminister: »Rauchen gefährdet die Gesundheit.« Nachzulesen auf jeder Zigarettenpackung.
Großformatige Fotos von rauchenden Models in den aberwitzigsten Situationen füllen die Seiten: Mädchen, die aussehen, als stünden sie kurz vor dem Tod durch Lungenkrebs mit der Ästhetik ausgepellter Leichenteile. Nackt, nur mit zwei langen Handschuhen, mit Handy und Zigarette in Manhattan. Mit Zigarette in Jersey in der Wüste tanzend, bei einer Zigarettenpause in der Sonne, nach einer orientalischen Ballnacht in Abendrobe in Marrakesch, nackt in der Camargue »Sommer, Sonne und den Hauch der Freiheit genießend« oder im Engelskostüm im Fotostudio und als Teddy-Girl in Tokio.
Topmodels müssen herhalten, damit immer mehr Frauen zum Glimmstengel greifen. Über die Illusion, daß Rauchen schön, schlank und sexy macht, sollen Frauen zum Rauchen verführt werden. Daß schon die erste Zigarette süchtig machen kann, wird konsequent nicht erwähnt. Auch nicht die Gefahren des Passivrauchens. Dahinter steckt ganz sicher eine klammheimliche, aber großangelegte Werbekampagne der Zigarettenindustrie. Übrigens: Frauen und Kinder sind die einzigen Bevölkerungsgruppen, in denen der Raucheranteil noch immer stetig wächst und sich noch steigern läßt. Vor allem junge Menschen greifen häufiger zur Zigarette – in Deutschland mittlerweile jedes fünfte Mädchen im Alter von 15 Jahren. Viel älter sind die bei-

spielgebenden rauchenden Models ja auch nicht. Schon im Juli '97 vermeldete die Zigarettenindustrie ein Umsatzplus von sieben Prozent.
Ironie des Schicksals oder gezieltes Dealen? Zeitgleich tauchen in Modewerbung und den Berichten der Frauenzeitschriften immer mehr rauchende Models auf. Daß dies kein Zufall ist, sondern ein gelenkter Trend, beweist auch Paula. So heißt ein Video, über das das »Hamburger Abendblatt« in einem Beitrag über »Den neuen Glimmstengel« und »Frauen rauchen schöner« berichtet: »... das 30 Minuten lang nichts anderes zeigt als eine genußvoll rauchende Frau. Regisseur Edward Louisser in Oklahoma, USA, früher Fotograf, hat sich ganz auf diese spezielle Nische verlegt: Seine 30- bis 60-Minuten-Filme kommen mit nur je einer Darstellerin, blauem Hintergrund, zehn bis dreißig Zigaretten und weitgehend einer einzigen Kameraeinstellung aus. Preis pro Video: 30 bis 40 Dollar. Zuerst wurden Louisser-Videos vor allem in Kreisen von US-Fetischisten bekannt, die rauchende Frauen irgendwie sexy finden. Inzwischen sind sie aber schon ›kultig‹: Je strenger und puritanischer sich Amerikas gesundheitswütige Meinungsführer gebärden, desto schicker ist es, mit Verboten zu spielen. Auch in anderen Ländern mit Antiraucherkampagnen wie Neuseeland und Australien finden Paula und Co. inzwischen Kunden.«
In Deutschland sind 1996 mehr als 100 000 Menschen infolge ihres Tabakkonsums gestorben, so die Deutsche Gesellschaft für Krebsforschung in Heidelberg.

Freiheit durch ein neues Kleid?

Erst waren die Frauen Sklavinnen ihrer Abhängigkeit, jetzt sind sie Sklavinnen ihrer Freiheit, die keine ist. Allerdings sind sie umworbene, weil kaufende Sklavinnen. Aus dem Kaiser ist eine Kaiserin geworden, und ihre neuen Kleider sind nicht weniger imaginär als die des eitlen Potentaten. »Nein, was für ein zauberhaftes Kostüm, so reißfest und hübsch emanzipatorisch geschnitten, elegant auch das Korsett aus Röllchen von Tausendmarkscheinen und die Krone gebogener Gabeln aus rostfreiem Stahl – wonderbra!« flötet der Hofstaat, bestehend aus Politikern und der Kosmetiklobby, Kleider- und Werbeindustrie und Männern, die es auch noch nicht zu einem Stückchen Eigenidentität oder einem ähnlich vortrefflichen Kostüm gebracht haben. Und jeden Tag kommen neue Vertreter und loben die Vervollkommnung der neuen imaginären Kostümierungen, die immer raffinierter werden, und immer noch mag ihr keiner sagen, daß sie wirklich nackt ist.

»Modemacher sind heute Könige eines Reichs, in dem Sonne und Mond nicht untergehen: Herrscher, die uns zu nichts zwingen müssen, weil sie unsere Träume träumen«, erklärt uns »Vogue« im Frühjahr 1997.

4. Fitneß –
Hungern, turnen und sich malträtieren

Bodybuildung ist auch eine Bildung

Auf den Titelblättern von Frauenzeitschriften haben Frauen ganz offensichtlich keinen Kopf und keinen Körper. Sie sind dort eher ein Machwerk aus Frisur und Figur, mehr noch – oder weniger? – aus Wunschfrisur und Traumfigur. Dieses Bild entspricht nicht der Wirklichkeit. Und kaum eine Frau kann sich darin wirklich selbst erkennen. Kritik und Vorwurf klingen an: Mit ihrem Aussehen liegt sie doch völlig daneben, ihr Abstand zur Traumfigur beträgt mindestens zwei Konfektionsgrößen. Alles, was sie in die Waagschale werfen könnte – Zufriedenheit mit sich, Selbstbewußtsein, Lebensfreude – wird als zu leicht befunden. Wo Kalorien und Kilo, Problemzonen und Polster, Träume und Schäume so viel schwerer wiegen.
Höchste Zeit, auf Diät zu gehen, damit die Wunschträume endlich wahr werden, der eigene Körper sich in die genormte Bikinifigur verpuppen und den Vorbildern der Barbies, Janes und Claudias gleichen kann. Doch die Frau, die tatsächlich meint, daß all die propagierten

Wunder-, Blitz-, Erfolgs-, Wochenend- und Antistreßdiäten schnell, leicht, sanft, garantiert und dauerhaft die Idealfigur erbringen, verkennt, daß sie selbst eine ideale Figur geworden ist, eine, die sich beliebig auf dem weiten Feld von Absatz und Umsatz hin und her schieben und am Normenband der Idealmaße verschaukeln läßt. Seit das deutsche Fräuleinwunder von der Edelfreßwelle des Wirtschaftswunders überlagert wurde, haben Kochbücher und Abspeckkuren gleichermaßen Konjunktur. Verlockung und Verdammung halten sich die Waage. »Schlemmen nach Herzenslust«, »Genießen wie im Urlaub«, »Morgens Sektfrühstück, mittags Business-Brunch, abends Candlelight-Dinner« – die Augen essen mit, wenn die Liebe durch den Magen rutscht. Wer möchte da nicht zulangen und sich seine dicke Scheibe abschneiden. Während es die Frauen weg vom heimischen vollautomatischen Herd in die Karriere drängt, hängen sich die Männer die Küchenschürze um, kochen genießerisch ihr Hobbysüppchen, kaufen Geschirrspüler oder lassen immer noch den Abwasch stehen. Und die Kids gehen zu McDonald's. Der Umsatz in der Nahrungs- und Genußmittelbranche steigt entsprechend, der Umfang der Genießer auch.

Aus Überfluß wird Übergewicht. Jeder zweite ist zu dick, warnen die Ärzte. Böses Cholesterin verfettet Managerherzen, auch die Frauen kriegen ihr Fett weg. Ihre naturgegebenen Reservepolster an Hüften, Bauch und Oberschenkeln werden kurzerhand zur Modekrankheit Cellulite erklärt. Dick und rund ist ungesund

und das grausige Gegenteil von schlank und fit und schön. Fett – ist ein Synonym für dumm, häßlich und wertlos.
Unfehlbar diagnostizieren Waage und Zentimeterband, wo Gesundheit aufhört und Krankheit anfängt. Die Kalorientabelle wird zur Hausbibel, Diätmargarine zur Wunderwaffe, während ein Würstchen schon das Zeug zur Bombe in sich hat. »Gegensteuern« lautet die Marktstrategie, mit der die Schönheits-, Fitneß- und mit sattem Anteil auch die Pharmaindustrie in die vollen gehen und mit Beihilfe der Medien den Rahm abschöpfen.
Die Nahrungsmittelbranche leidet deshalb noch lange nicht an Auszehrung. Sie liegt mit neuen Versprechungen voll im Trend und in den Regalen der Supermärkte und Neuformhäuser. Nicht die Menge macht die Masse. Nur »richtig essen« verdient Gütesiegel. Die sind »light« und »figurbewußt«, »naturbelassen« und »ausgewogen«, »kalorienreduziert«, »vitaminangereichert«, »appetitdrosselnd und sättigend« und haben vor allem ihren Preis. Den zahlen Frauen denn auch freudig und ohne Gewissensnot für den Freispruch »Du darfst«. Das schmeckt natürlich besser und läßt sich leichter schlucken als ein vormundiges »Du sollst«.
Leserinnen von Frauenzeitschriften sind besonders treue Diätabonnentinnen. Sie wachsen auch immer wieder nach – im doppelten Sinne. Bereits mehrere Generationen sind gleichzeitig und immer wieder im Abnehmen begriffen. Die leichte Kost wird ihnen seit

Jahrzehnten frisch serviert und mit dem Versprechen, daß die »Pfunde purzeln«, schmackhaft gemacht.
Leicht und lecker, abwechslungsreich und ausgewogen kommen die berechneten Kalorien im knackigen Salat, in mageren Putenbrüstchen und gesundem Gemüsegrün auf den Teller. Zumindest das sind keine leeren Versprechungen. Denn einseitige und belastende – etwa Atkins-, Ananas-, Mayonnaise-Kuren und Weglaß-Diäten – sind in den meisten anspruchsvollen Frauenmagazinen längst gegessen und vom Tisch. Seriöse Diät-Empfehlungen – wie etwa in der »Brigitte« – sind dagegen tatsächlich ausgewogen und gesund. Sie brutzeln cholesterinschwere Fette auf Sparflammen, streichen Dickmacher zugunsten verdaulichem Ballast und geben garantiert genügend Nähr- und Aufbaustoffe an vollwertige Leckerbissen. Alles ist wohldosiert und streng nach den Regeln moderner Ernährungswissenschaft angerichtet. Und geht offenbar dennoch am Bedarf und an den Bedürfnissen vorbei. Das geheime Verlangen hungert ja nicht nach essen, um gesund zu sein, sondern nach essen, um abzunehmen, und zwar möglichst viel und möglichst schnell: zwei Kilo in drei Tagen ... bis zu 20 Pfund in zwei Wochen und so weiter und so fort.
Selbst wenn es anfänglich in einigen Ausnahmefällen mal klappt – von Dauer sind die wenigsten Erfolge. Häufig enden die Diätversuche im sogenannten Jojo-Effekt: abnehmen – zunehmen – abnehmen – noch mehr zunehmen – gar nicht mehr abnehmen. Auch aus diesem Grund bleibt eine weite Spanne zwischen

Wunsch und Wirklichkeit: weil schon das erklärte Ziel mit der Wirklichkeit nichts zu tun hat.
Ob nun das Ideal-, das Normal-, das Wohlfühl- oder das Wunschgewicht angesteuert wird, Endziel ist – quer durch alle Altersstufen – die Traumfigur Marke Model, Kindergröße 160, sprich: 34/36, als gäbe es die als Belohnung konfektionsgeschneidert von der Stange. Ein Trugbild – aber wer will das wahrhaben? Schließlich gibt es die schlanken Idole wirklich. Sie sind ja keine Strichfrauchen in albernen Comics, sondern Menschen aus Haut und Knochen, sie tänzeln schmalhüftig, storchenbeinig und steckelfüßig über Laufsteg und Bildschirme und können überdies leibhaftig und ungeniert für Pizzas und Powersnacks werben. Besessen von dem Wahn, zu werden wie sie, füttern ihre Fans sich mit Schuldgefühlen und Selbstvorwürfen wegen ihres Versagens und hungern nach immer neuen, immer anderen Diäten.
Dabei geraten sie beim Zappen durch die Menüs auch in die Anzeigenteile und Werbespots, wo Blitz- und Wunderdiäten locken, wo das Wunschgericht als Fertigmahlzeit in die Tüte kommt, Pillen den Hunger bremsen und Kapseln das Fett wegschwemmen. Auch mit heißem Draht verglühen die Pfunde – beim »Treffpunkt Wunschgewicht«, einer teuren Telefon-Hotline. Oder durch mentale Fernsteuerung: Wer einmal täglich eine bestimmte CD auf dem Plattenteller kreisen läßt, kann sich damit unbeschwert schlank denken! Bis sich schließlich alles Denken ganztägig nur noch um das eine dreht, ums Essen.

Nur fünf Prozent der Diätverkoster nehmen bis zu zehn Kilo ab und halten danach das erreichte Gewicht. Dabei handelt es sich meist um wahrhaft und nicht wahnhaft Übergewichtige, die mit dem maßvollen Therapieziel langsam, über einen längeren Zeitraum hinweg abnehmen und durch eine grundlegende Ernährungsumstellung schließlich Erfolg haben. Diese, wenn auch kleine Zahl ist seit Jahren konstant, während andere Zahlen in erschreckendem Umfang zunehmen. Immer mehr eßgestörte Frauen und Mädchen schaffen es nicht, aus dem Teufelskreis von zwanghaftem Essen und Hungern allein wieder herauszukommen.

Wenn ich einmal schlank bin

Die Magersucht, Anorexie, führt bereits bei 15 Prozent der Betroffenen – meist Mädchen oder sehr jungen Frauen – zum Hungertod. An Eß-Brech-Sucht, Bulimie, leiden schon bis zu fünf Prozent aller Frauen im Alter von 18 bis 25 Jahren, wobei sich neuerdings auch viele junge Männer einreihen. Aus 60 Prozent aller Anorexie-Kranken werden später Bulimie-Kranke. Obwohl die meisten ihre Leiden zu verstecken suchen und Hilfe verweigern, sind geeignete Therapieplätze knapp, verzeichnen Wartezeiten zwischen vier und sechs Monaten – für manche Magersüchtige das Todesurteil.

Auch die Rückfallquoten der klinisch-psychologisch

behandelten Patientinnen sind hoch. Uneinsichtigkeit und Anpassung bis zur Vertuschung sind wesentliche Merkmale dieser Erkrankungen, die deswegen in vielen Fällen nicht therapierbar sind. Magersüchtige wollen zumeist einfach nicht einsehen, was an ihrem Verhalten falsch ist. Wo dünn sein doch in Mode ist. Zudem rollt gerade eine neue Trendepidemie zu uns aus Amerika herüber: die Exercise-Bulimie. Anstatt sich nach Freßanfällen zu erbrechen, verfallen diese Eßgestörten in den Fitneßwahn. Sie trainieren wie besessen und buchstäblich bis zum Umfallen.

Trotz alledem werden diese Krankheiten in unserer Suchtgesellschaft immer noch verharmlost oder gar positiv eingeschätzt: Schlankheit wird naturgemäß eher mit Gesundheit als mit Krankheit assoziiert. Die Bezeichnung Eßstörung – als wäre mal etwas auf den Magen geschlagen oder hätte den Appetit verdorben – erweckt die Vorstellung von einer schnellen Reparaturmöglichkeit. Sie verdrängt, daß es sich um eine Sucht handelt, für die jede Diät der Einstieg sein kann. Und die für alle, die auf dem Trip sind, eine schwierige und langwierige Therapie erfordert.

Während viele neu auftretende Krankheiten als Zivilisationserkrankungen und neuzeitliche Seuchen klassifiziert werden, von Amalgamvergiftung bis zu Aids und BSE, stehen Anorexie und Bulimie in der Rubrik »moderne Störungen«. Wenn das Virus Trend oder Zeitgeist heißt, ist eine Ansteckung damit schon fast wieder schick.

Und in den trendgesteuerten Unterhaltungs-Talkshows zwischen Mittag und Abendessen dürfen sich ausgewählte Opfer ungefiltert outen. Als Alibi dient die Vorzeigefrau, die »es geschafft« hat. Sie ist fröhlich, selbstbewußt, hat gelernt, sich so zu lieben, wie sie ist und was sie ißt, und sieht dabei (zufällig?) so unattraktiv aus, daß sie mehr Mitleid als Anerkennung findet. Die andere – Typ netter Teenager vor der Reifeprüfung – verkündet trotzig: »Ich bin lieber tot als dick!« Und sie wird vom Werbeblock »Bleiben Sie dran, gleich geht's weiter!« erst mal mundtot gemacht.
Ins Bild kommt die Slim-fast-Packung für schnelles, bequemes und gesundes Abnehmen. Gleich danach fragt ein lustig grinsender Thomas Gottschalk: »Leiden Sie auch an einseitiger Ernährung?« und nascht dabei schelmisch die bunten Bärchen, die nicht nur Kinder, sondern auch Erwachsene froh machen. Dann wäscht ein Superpulver alles unschuldsweiß, und nach ein paar fruchtigen Mager-Joghurts geht es zurück zu unserer Kandidatin im Studio, die trotz guten Zuredens lieber gar nichts mehr essen möchte. So viel sensibles Sender-Bewußtsein verschlägt auch einem gesunden Magen den Appetit.

Lieber Sugardaddys als Zuckerbrot

Der Mensch – nach Platon das Maß aller Dinge – schrumpft im Geist der Zeit zum Model aller Maße, Massen und Maßlosigkeiten. Wobei diese Idole sich selbst immer dünner und jünger schrumpfen – vielleicht bis sie sich eines Tages in nichts auflösen? Kaiser Karls neue Models ... Starfotografen ziehen mit übernächtigten College-Girlies durch die Szene. Die Buchautorin Ebba B. Drolshagen beschreibt in ihrem Buch »Des Körpers neue Kleider« eine ähnliche Szene: »Während einige dieser Mädels völlig verstört aussehen, präsentieren sich die anderen muffig, frech und ungekämmt – im Extrem wie ausgemergelte Drogenabhängige mit verklebtem Haar, die gelernt haben, auf der Straße zu überleben. Einige sehen aus wie ordinär aufgetakelte Lolitas, andere wie ungeschlechtliche Kinder, und sie werden bevorzugt auf eine Weise fotografiert, die zwei klassische männliche Sexualphantasien bedient: Schulmädchen und Hure.« Und Modedesigner schneidern ihnen immer engere Korsetts auf den Kinderleib.

Die englische Modekönigin Vivienne Westwood – einstige Ikone der Punk-Bewegung – schickt zwei gerade dreizehnjährige Schulmädchen auf die letzte »London-Fashion-Week«. Den Nachwuchs rekrutiert sie mit Hilfe von Talentscouts in den Schulen von London. Ausschlaggebende Begabungsmerkmale: strohdürr und minderjährig. Denn, so verkündete Westwood unlängst im BBC: »Nichts ist so sexy wie ein junges Mädchen, das älter wirkt. Am meisten angetan sind Väter, die ganz verrückt danach sind, ihre Töchter, die schon Ähnlichkeit mit erwachsenen Frauen bekommen, so schön zu sehen.« Lolita grüßt Daddy – und alle die fashionablen Sugardaddys, bei denen auch der Reiz zum Kaufen gekitzelt wird. Daß hier – wie schon im vorhergehenden Kapitel gesagt – auf fast kriminelle Weise Kinder auf dem Laufsteg als Ware feilgeboten werden wie in pornographischen Videos, löst selbst bei Müttern keinen Schrei des Entsetzens aus. Sie kaufen und unterwerfen sich lieber selbst, anstatt ihre Kinder zu schützen.

Model sein ist einer von nur zwei Frauenberufen, in denen Frauen mehr Geld verdienen als Männer. Der andere ist Prostitution ... Es ist also für Frauen lukrativer, auf die eine oder andere Weise ihren Körper zu verkaufen, als eine Ausbildung zu machen oder zu studieren. Für die Modelkarriere scheint ein Schulabschluß eher hinderlich zu sein, und so hungern Schulmädchen denn auch weniger nach Bildung und Ausbildung als für die ersehnte Qualifikation als Showstar auf dem Laufsteg. Und dafür verzichten sie beim Essen schließlich auf weit mehr als aufs Pausenbrot und Süßigkeiten. Sie verzichten beispielsweise darauf, daß Körper und Gehirn sich altersgemäß entwickeln können.

Doch wenn von Mangelernährung und Unterversorgung die Rede ist, dann nur in bezug auf Vitamine, Mineralstoffe und Spurenelemente. Da bekommen Diät- und Fitneßbeflissene den Platzverweis in Risikogruppen, werden in eine Reihe gestellt mit Schwangeren und stillenden Müttern, Athleten und Rauchern, Sonnenbadenden und Berufsgestreßten, Kantinenessern, Kindern und Greisen. Sie alle – so drohen Ersatzstoffhersteller, Pillenproduzenten und alternative Ernährungsgurus – haben einen erhöhten Bedarf an

lebenswichtigen Wirk- und Aufbaustoffen. Doch deswegen müssen sie noch nicht allesamt in einen kollektiven Notstand geraten – wie die schlauen Geschäftemacher ihnen weismachen wollen. Undifferenziert verordnen sie allen, was nur für ganz wenige wichtig ist, in möglichst hoher Dosierung. Mit Angstmachen läßt sich dabei am besten Geld machen. Der Deal mit der Gesundheit baut daher voll auf Ängste und falsche Hoffnungen. Die raffinierte Mixtur aus unterschwelligen Krankheitsdrohungen und wohlklingenden Wirkungsversprechen kommt an – vor allem bei den Frauen. Auf ihrer Einkaufsliste stehen die rezeptfreien Schönheitsvitamine und Aufbaustoffe ganz oben. Für schönere Nägel, glänzende Haare, glatte fleckenlose Haut und festeres Gewebe greifen sie auch vorbeugend ins Pillenregal und ins Portemonnaie. Und den chronischen Kalorienzählerinnen und krankhaften Hungerleiderinnen dienen die kleinen mageren und leicht zu schluckenden Pillen trügerisch als Nahrungsersatz und Ablaß für alle Sünden wider den Körper.
Rund zwei Milliarden Mark jährlich werden hierzulande für Nahrungsergänzungsmittel auf den Tisch geblättert – als Selbstmedikation zur Herz-, Hirn- und Nervenstärkung, zur Problemlösung bei Streß, Unlust oder Schlaflosigkeit. Herausgeschmissenes Geld, sagen seriöse Ernährungswissenschaftler. An die komplexe Nährstoffvielfalt einer gesunden Mahlzeit reicht keine Retortenpille heran. Die hochgepuschte Hysterie wegen Vitaminmangel sei Ergebnis eines einzigen Schwin-

dels. Schon sei das Gegenteil, nämlich die Überdosierung, bei uns an der Tagesordnung. Viele Lebensmittel von der Babykost bis zur Salatsoße, vom Lutschbonbon bis zu Fruchtsaft und Früchtejoghurt sind hoch vitaminisiert, nachdem ihnen zunächst alle natürlichen Stoffe entzogen oder zerstört wurden.
Fertiggerichte werden mit künstlichen Vitaminen angereichert und haltbar gemacht. Womöglich sorgen Vitamine im Viehfutter schon auf der untersten Stufe der Nahrungsmittelkette für satten Überschuß. Das aus dem Bundesgesundheitsamt in Berlin hervorgegangene Bundesinstitut für Arzneimittel und Medizinprodukte erklärt: »Für gesunde Durchschnittsbürger besteht keinerlei Bedarf an zusätzlicher Vitaminzufuhr und Nahrungsergänzungsmitteln.« Da Gesunde für die Pillendealer lediglich »Noch-nicht-Kranke« sind, werden alle Warnungen und rationalen Erkenntnisse wohl weiterhin unter den Tisch fallen.

Ich seh nicht so aus, wie ich mich fühle

Bewegung, Bewegung, Bewegung. Bewegung ist gesund und schlägt jede Diät. Und die Grundbewegung des Menschen ist das Gehen. Ein flotter Spaziergang an frischer Luft ist mehr Kür als Pflicht. Dieser Pfad führt den aufrechten Spaziergänger auch zu guter Laune und mehr Selbstbewußtsein. Wer sich einfach gehenläßt, läßt es sich auch gutgehen. Trägt er den Kopf beim

Gehen hoch, läßt er die Blicke frei schweifen, die Arme locker schwingen und setzt die Füße mit ausgreifenden Schritten voreinander, ist er ein ganz anderer Mensch, nämlich entspannter, fröhlicher und selbstbewußter als einer, der mit hängenden Schultern und schlurfenden Füßen seinen Weg wie auf der Suche nach einem verlorenen Groschen entlangschleicht. Der an der frischen Luft eingeatmete Sauerstoff stärkt die Lungen, sorgt für eine bessere Durchblutung des Gehirns und pustet Druck und quälende Gedanken fort. Und wer seinen Spaziergang fest ins Abendprogramm einbaut, kommt auch ohne Tabletten zur Ruhe und in den Schlaf. Auch weiterer kostspieliger Aufwand bleibt erspart.

Denn der Spaziergänger braucht nur seine bequemen Schuhe, er muß keinem Club beitreten, keine teure Ausrüstung kaufen und keinerlei Trophäen nachlaufen. Er kann sich seinen eigenen Weg suchen und sich jeden Tag selbst sein Ziel stecken. Alles Binsenweisheiten, die keiner, der aus dem Krabbelalter heraus ist, erst lernen muß. Doch wer das glaubt, latscht auf ausgetretenen Pfaden. Er geht nicht mit der Zeit, folgt nicht dem Trend der selig machenden Fitneßbewegung und ist nicht »in«. Ganz normales Gehen und Laufen ist bloß was für die Ewiggestrigen, diese ahnungslosen Zeitgenossen!

Gehen heißt auf angloamerikanisch und auf Fitneß-neudeutsch »Walking« und ist damit im Sinne seiner Erfinder in den Stand einer schicken und leicht erlernbaren Fitneßdisziplin erhoben worden. Im »Wogging« hat es

seine Steigerung gefunden. Richtig gewalkte Schritte sind denn auch die ersten auf dem Weg zur Traumfigur. Dr. Lyles, Klinischer Direktor des Aerobic Centers in Dallas/USA und Buchautor, gibt es schriftlich: »Regelmäßiges Walking heizt nicht etwa den Appetit, sondern den Stoffwechsel an und sorgt damit für bessere Kalorienverwertung. Macht pro Stunde Walking 300 Kalorien minus.« Täglich addiert, schleppt der Walker nach einem Jahr also rund 15 bis 18 Pfund weniger auf den Fitneßpfad. Klar, daß die Pfunde bei dieser Gangart hauptsächlich vom Fuß bis zur Taille dahinschmelzen. Wer obenrum Probleme hat, trägt beim Walking-Gang drei Pfund schwere Handschuhe oder Armringe und läßt sie locker schwingen.
Den Erfolg zeigt die amerikanische TV-Serien-Turnerin Denise Austin auch hierzulande vorbildlich und augenfällig auf ihren 50-Minuten-Videos »Schlank & Fit durch Gehen«. Im ersten Video erklärt sie die Walking-Technik, zeigt, wie Beine und Arme optimal eingesetzt werden, und verrät, wie oft, wie weit und wie schnell der Fitneßstreber sich dann auf den Weg machen soll. Oder auch nicht. Denn Video Nummer zwei ist die Indoor-Version für das bequeme Walking zu Hause. Das verbrennt mindestens so viele Kalorien wie draußen und »läßt sich mit anderen Übungen verbinden« – zum Beispiel Video-Gucken!?
Dabei ist Walking allerdings eine der leichtesten Übungen. Ein einschlägiges Lexikon zählt rund hundert verschiedene Fitneßsportarten auf. Es muß sicher schon

jetzt aktualisiert und erweitert werden. Denn für Teenies ist »sie voll der Wahn«, für Twens liegt sie »voll im Trend«, und überhaupt bringt sie alle jeden Alters »toll in Form«: die Fitneßwelle. Mit immer neuen Hits und Tops, Ins und Outs hält sie die Massen in Bewegung und ist zur Massenbewegung geworden. Turnopa Jahns nach Mottenkugeln und verschwitzen Turnhemdchen riechende Verheißungen »frisch, fromm, fröhlich, frei« sind mit den werbewirksamen Versprechen »fit, schlank, schön, attraktiv« durch Fitneß mit Fun auf den Zeitgeist gebracht.

Was der Begriff Fitneß ursprünglich meint, übersetzen ältere Wörterbücher aus dem Englischen noch mit »Schicklichkeit, Tauglichkeit, Folgerichtigkeit«. Im zeitgemäßen Lexikon hat er mehrere Aspekte: »Bei einem Leistungssportler beschreibt Fitneß die Leistungsfähigkeit in seiner Disziplin, beim Gelegenheitssportler ist sie das Bedürfnis, in guter körperlicher Verfassung zu sein, um Anstrengungen meistern zu können. Und wenn man fit sein mit nicht krank sein gleichsetzt, ist das zuwenig. Fitneß verlangt ein Mindestmaß an körperlicher Belastbarkeit. Muskeln, Herz und Atmung müssen sich ohne weiteres auf körperliche Anstrengungen, zum Beispiel beim Laufen, schnellen Treppensteigen oder Ballspielen, einstellen können. Diese Fitneß muß trainiert werden – mit geeigneten Sportarten wie Schwimmen, Radfahren, Leichtathletik, Bergsteigen.«

Für die Trendsetter und Vermarkter ist Fitneß selbst das Trainingsinstrument geworden, um mit immer neuen

Methoden des Bodystyling, -shaping und -building den Körper in die gewünschte äußerliche Form zu bringen. Aber »Aufklärung über und das Propagieren von Bewegung ist die sozial- und gesundheitspolitische Herausforderung des nächsten Jahrtausends«, sagt der Leiter des Instituts für Sport und Bewegungsmedizin Prof. Klaus-Michael Braumann zu einem Wegweiser durch den Dschungel der Fitneß-Studios einer Stadt – Hamburg, Europas Fitneß-Metropole Nummer eins. Allein in dieser Stadt lassen 150 000 Mitglieder in 160 Studios die Muskeln spielen. Die Jahresbeiträge variieren zwischen 600 und 1 700 Mark plus Aufnahmegebühr.

In den meisten Studios ist der Zug in Richtung Gesundheit längst abgefahren. Mit den erklärten Zielen Schlankheit, Schönheit und Jugend lassen sich weit mehr Sportsfreundinnen und Sportsfreunde in die Studios locken. Gesundheitliche Aspekte fahren sozusagen auf dem Trittbrett mit oder werden hintangehängt. Wenn Fitneß mit Fun nebenher auch das Herz in der Traumfigur in Schwung bringt, den Stoffwechsel ankurbelt, die Immunabwehr stärkt, Muskeln auf- und Fett abbaut, die Gelenke entlastet und nach gewaltsamen Diätkuren Bauch und Haut wieder strafft, dann ist das nur gut und obendrein im Preis mit drin. Denn schlank und fit ist auch Gütesiegel für schön und gesund.

In den Fitneßclubs und -studios ist das alles zu haben. Sehr oft aber nur gegen Einjahresverträge – manchmal immerhin mit kostenlosem Schnuppertraining. Bleibt die Qual der Wahl zwischen den Low-Price-Studios ohne Saftbar und Grünpflanzen über Aerobic-Callanetics-Hardcore-Workout und Multianlagen mit und ohne Solarium, Whirlpool und Sauna bis zum palmengestylten First-class- und Fünf-Sterne-Luxusclub und gar dem 24-Stunden-Studio »rund um die Uhr für Ihre Figur«. Und allem, was sich in der bunten, flippigen Fitneßszene etabliert hat. Am Infostand oder direkt beim Trainer gibt es Bücher und Videos zur Weiterbildung, Geräte wie Hanteln, Stretchbänder, Massagebälle, Bodyroller, Ab-Trainer sowie Körperdeos und Pflegeserien sowie das passende Outfit für jede Fitneßübung von Kopf bis Fuß – möglichst mit Designer-Label.

An der Bar lassen sich außer Fun mit Fans auch Diät-Snacks und -programme, Eiweißpulver und Vitaminstöße, Fitneß-Kur-Cocktails und Powerdrinks, Koffeinpillen und Brainfood vernaschen. Brauchen tut das niemand. Im Gegenteil: Viele dieser Dinge können schädlich sein, manchmal kommt es zu regelrechten Vergiftungserscheinungen. Unter dem Tresen werden nicht selten sogar Dopingpräparate, Anabolika, Aufputschmittel und Drogen gehandelt.

Um den gnadenlosen Anforderungen des Körper- und Schönheitskults zu genügen, greifen immer mehr junge Menschen nicht nur zu Hantel und Physioband, sondern auch zu Drogen. Über 100 000 User allein von Dopingdrogen gäbe es bereits in Deutschland, schätzt der Deutsche Bodybuilding Verband. Die Dunkelziffer liegt sicher um ein Vielfaches höher. Noch halten die jungen Männer einen deutlichen Zweidrittel-Vorsprung gegenüber Frauen. Die einen wollen mickrige Muskeln aufpeppen, die anderen vermehrt Fettzellen abbauen.

Die Folgen des Mißbrauchs von Schönheitsdrogen sind für beide Geschlechter unangenehm. Allein für Steroidhormone hören sich die Nebenwirkungen schlimm an: Sie können das Körperwachstum hemmen, Leber und Herz schädigen, bei Männern zu Schrumpfhoden und Unfruchtbarkeit führen, bei Frauen zu Zyklusstörungen, Bartwuchs, aber auch Haarausfall. Die Stimme rutscht häufig in männliche Stimmlagen ab. Für beide Geschlechter steigt das Risiko, an Blasen- und Genitalkrebs zu erkranken.

Mit Gesundheit hat das also gar nichts zu tun, noch nicht einmal mit Sport. Spitzensportler schwören meistens auf eine ausgewogene Vollwertkost. Vor Wettkämpfen gibt es lediglich zwei Tassen Espresso oder Capuccino – das hat den gleichen Effekt wie etwa Koffeinpillen und keine schrecklichen Nebenwirkungen. Auch nicht auf den Geldbeutel.

Die ohne jeden Zweifel guten Auswirkungen vernünftig betriebener Bewegung auf die Gesundheit, für die Vorbeugung und Besserung von Krankheiten, auf Lebensfreude, Teamgeist, Fairneß, Spaß am Spiel, Leistung und Erfolg – wie Sportclubs und Turnvereine schon immer versprochen (und gehalten) haben – werden hier werbewirksam benutzt, um Konsumenten massenhaft in teure Fitneß-Center zu locken.

Gesundheit verkauft sich natürlich am besten an Kranke. Und deshalb wird durch den Vergleich mit superschlanken Models erst einmal Unzufriedenheit mit dem eigenen Aussehen geweckt. Werden Schwachstellen und Problemzonen erfunden, die wie Krankheiten therapiert werden müssen. Und da echtes Übergewicht eine massive gesundheitliche Bedrohung ist, muß jedes Gramm im Ansatz bekämpft werden. Vorkämpferin und jahrelang Vorturnerin der US-Nation, Jane Fonda, sei – so gestand sie später – durch abwertende Kommentare über ihre kindlichen Rundungen in ihre rigorose Fitneßabhängigkeit und in die Magersucht getrieben worden. Nicht zuletzt die fetten Einnahmen durch ihre Aerobic-Videos und -Bücher dürften ihr Selbstbewußtsein wieder aufgepolstert haben. Inzwischen propagiert sie ihr Buch »Gesund und schlank durch richtige Ernährung«. Daß bei soviel Körpereinsatz die guten Vorsätze und die eiserne Disziplin schneller dahinschmelzen als die Pfunde, haben die cleveren Fitneßstrategen natürlich auch einkalkuliert. Fast 80 Prozent aller Einsteiger in eine neue Fitneßwelle steigen bereits nach sechs bis acht Wochen wieder aus und in eine neue Welle wieder ein, da sie ja ihrem Ziel keinen Step näher gekommen sind. Der Bedarf an Fitneßgütern scheint so unerschöpflich wie die Phantasie der Hersteller. Das Münchner Institut für Freizeitwirtschaft errechnete einen Umsatz von 130 Milliarden Mark für Sport und das gesamte Drumherum: Trainingsstunden, spezielle Geräte, Kleidung, Eintrittskarten, Sportreisen und -ausflüge.

Um abgehechelte Fitneßfans auch weiterhin bei der Stange halten zu können, bieten sie nun statt schweißtreibender Gymnastik und anstrengendem Bodybuilding die bequeme Hilfe mit High-Tech-Geräten und »physiologischem Strom« oder Massagerollen aus der Steckdose an. Mühelos und ohne Streß – aber nur bei regelmäßiger Anwendung – schwinden Bäuche und Fettpolster und nebenher auch Verspannungen, Rückenschmerzen, kalte Füße und natürlich auch das Geld im Portemonnaie.
Mehr Spaß in die Studios bringen Tretroller, Sidewalker oder Rollerbikes für Stepaerobic in lockeren Schrittkombinationen zum Junglegrove – afrikanischem Trommelgedröhne. Aero-Bi-In – so heißt der Dschungelzauber – macht Schluß mit der Aerobic-Quälerei nach stumpfsinnigem Techno-Beat. Lockeres Umschwenken von einer Masche auf die nächste innerhalb kürzester Zeit gehört zum Busineß des Fitneßverkäufer. Warum also nicht auch Fitneßdenken in die Köpfe pauken? Geistes- und Muskelarbeit kombiniert, macht den Kopf frei und formt schlankweg einen schönen Körper, verspricht das mentale »Neurolinguistische Programm« (NLP) – selbsterklärter Fitneßtrend des ausgehenden 20. Jahrhunderts. Sogenannte Mentaltrainer motivieren in Gruppen- oder Einzelunterricht zu positiven Denkübungen wie »Ich will 50 Kilo wiegen und gut aussehen«. Wie gedacht, so geturnt, gehungert und gesollt. The same procedure as last time …
»Die Trends und Sportarten werden von der Industrie

auf der Suche nach neuen Absatzfeldern einfach erfunden und dann mit gigantischem Werbeaufwand inszeniert«, sagt Freizeitforscher Horst Opaschowski. So jagen und joggen wir von einem Trend zum nächsten und müssen ständig neues Equipment kaufen.
»Das Bundesministerium klagt über einen wachsenden Berg von Sportmüll: Allein 650 000 Paar Ski, 900 000 Tennisschläger, 25 Millionen Paar Laufschuhe und 4,8 Millionen Golfbälle kaufen Deutschlands Sportfreunde jährlich. Die häufig aus einem Materialmix hergestellten Sportartikel finden sich irgendwann entweder in Wald und Wiese oder auf dem Müllhaufen wieder«, so der »Spiegel« 1997 in einem special.
Vor wenigen Jahren machten Studienergebnisse von sich reden, die inzwischen mehrfach bestätigt wurden: Schon mäßige, aber regelmäßige Bewegung reicht aus, um Körper und Seele gesund zu halten. Wer mindestens zweimal in der Woche so richtig aus der Puste kommt und ins Schwitzen gerät, ist auf der richtigen Seite. Schon sanfter Sport bringt viel und kostet wenig, macht dafür aber rundum fit. Bewährt sind die Sport-Klassiker: laufen, wandern, Tennis, schwimmen, radfahren, mit Kindern und Tieren toben, Gartenarbeit oder tanzen – das macht sogar richtig Spaß!

5. Gynäkologie – Du sollst keine anderen Halbgötter haben neben mir

Hormone von der Wiege bis zur Bahre

»Vorurteile sind die Vernunft der Narren«, höhnte noch vor wenigen Jahren ein bekannter Gynäkologe in einer von der Pharmaindustrie gesponserten »Fachzeitschrift«. Er machte damit widerspenstige Frauen verächtlich, die die Segnungen von Hormontherapien nicht zur Kenntnis nehmen wollen, sich Gedanken über deren Notwendigkeit und Sorgen über mögliche Nebenwirkungen machen. Das liege, so erklärte der Mediziner, am weiblichen Unvermögen, genau zu beobachten und differenziert zu denken …

Heute sind Kritik und natürliche Skepsis durch massive Panikmache und feinziselierte Horrorszenarien seitens der Unternehmen sowie ihrer treuen ärztlichen Vasallen weitgehend verstummt. Unter Frauen macht sich ein gefährlicher Trend breit: Als seien sie das Allheilmittel gegen jedwede Art von Frauenleiden oder Befindlichkeitsstörung innerhalb und außerhalb des Zyklus, fordern sie selbst von ihren Gynäkologen Hormone, gewissermaßen von der Wiege bis zur Bahre. In der Jugend zur Zyklusregulierung oder gegen Akne, danach zur Verhütung oder zur Linderung von Beschwerden der Tage vor den Tagen, später dann zur Auslösung von Eisprüngen oder Blutungen, zur Geburtseinleitung oder zum Abbruch einer Schwangerschaft, zum schnelleren Abstillen und zuletzt zur Behandlung von drohenden Beschwerden während und nach den Wechseljahren und gegen das Älterwerden. Logischerweise werden sie ihnen willig verordnet, denn damit läßt sich gutes Geld machen. Wer die Gießkannenberieselung mit künstlichen Hormonen – schließlich sind sie doch »etwas Besseres als Mutter Natur«! – nicht einzusehen oder gar zu widerlegen vermag, gilt als spießiges und unkluges Fossil, das die Zeichen der Zeit nicht erkennt. Dieser Mechanismus funktioniert um so besser, je weniger Eigenkompetenz eine Frau in bezug auf ihren Körper entwickelt, je weniger Gefühl sie für ihre eigene körperliche und geistige Gesundheit hat. Daß sie davon möglichst wenig entwickelt, ist das unvornehmste Ziel der gesamten Gynäkologie-Branche. Denn das System basiert auf der nachhaltigen Enteignung der Weiblichkeit. Die Frau? – eine arme Schluckerin!

Künstliche Hormone bilden das Herzstück moderner Frauenheilkunde. Mit ihnen ist so gut wie alles möglich: Zyklusverlängerung, Zyklusverkürzung, Eisprunghemmung oder -auslösung, Blutungsstimulierung, Blutungsverminderung, Geburtseinleitung, Wehenhemmung, Schwangerschaftsabbruch, die völlige Abschaffung der Periode oder ihr Beibehalten bis ans Lebensende. Möglichkeiten, die größtenteils nicht nur überflüssig, sondern auch gefährlich sein können. Nicht nur wegen der potentiellen Nebenwirkungen, sondern vor allem, weil damit automatisch die Mißachtung dessen, was eine Frau wirklich ist, einhergeht.

Und bist du nicht willig, so brauch ich Gehalt

Für die Ärzte liegt die Verführung auf der materiellen Seite. Denn je mehr Patientinnen sie behandeln können, desto mehr können sie auch abrechnen. In Deutschland haben wir pro Kopf der Bevölkerung die meisten Gynäkologen der Welt – bei gleichzeitig abnehmender Zahl von Patientinnen. Wollen alle satt werden, müssen genügend Frauenkrankheiten diagnostiziert werden. Wo Frauen nicht einsichtig genug, schon anderweitig »austherapiert« oder noch gar nicht therapiert sind, wird rasch noch ein neues Krankheitsprofil »wissenschaftlich erarbeitet« und den Frauen medial eingetrichtert. Als jüngstes Beispiel mögen die sogenannten polyzystischen Ovarien gelten, die findige Gynäkologen bei immer mehr jungen Mädchen entdecken wollen. Die Verlockung, selbst für den Patientinnennachwuchs zu sorgen, indem man Frauen und Mädchen suggeriert, sie seien selbst nicht in der Lage, das Geschehen in ihrem Körper zu beurteilen, scheint immens.
Sehr viele einflußreiche Frauenärzte sind konservativ

und schwerfällig. Ihr Besitzstandsdenken ist enorm ausgeprägt. Sie verteidigen Macht und Pfründen auf Teufelin komm raus. Und eines lieben sie nach wie vor gar nicht: wenn an ihrem Bild gekratzt wird und Frauen sich aufmachen, über sich selbst bestimmen zu wollen. Eine eigene Meinung wird einer Frau heute schon zugestanden. Aber bitte keine andere als die ihres Arztes! Der Konkurrenzkampf unter den – nach wie vor überwiegend männlichen – Gynäkologen ist groß. Manche betreiben eine Art Camouflage und versuchen mit modernen und scheinbar frauenfreundlichen Zusatzangeboten wie Psychotherapie oder Naturheilkunde, die ja bei der Zielgruppe prima ankommen (und in klugen Händen ja auch sehr sinnvoll sind!), mehr Patientinnen zu ködern als der Kollege von nebenan. Im Grunde ihres Herzens denken die meisten aber weiterhin streng schulmedizinisch und zementieren damit auch das herkömmliche Frauenbild. Engagierten Ärztinnen fällt immer wieder auf, daß sich ein großer Teil ihrer männlichen Kollegen bei Therapieempfehlungen von ihrem eigenen Frauenbild leiten läßt. Da wird schon bei leichten Beeinträchtigungen mit schweren Geschossen hantiert – etwa bei der Behandlung von Pickeln oder leichtem Bartwuchs. Der eingangs erwähnte Gynäkologe schreibt sehr eindrucksvoll vom »Altweiberspeck«, der den Frauen nach den Wechseljahren ohne die Segnungen der Hormontherapie drohe! Einmal davon abgesehen, daß auch Ärzte mit zunehmendem Alter nicht schöner werden, wird bei dieser Art der Hormonpropaganda die Nutzen-Risiko-Abwägung fahrlässig frisiert. Hinzu kommt ein dem Vernehmen nach nicht unerheblicher Druck, den die Pharmaindustrie auf Ärzte ausübt. Denn das muß man klar sehen: An Frauenleiden ist viel Geld zu verdienen. Außerdem ist die Pharmaindustrie jene Instanz, die in erster Linie für die Weiterbildung der Ärzte verantwortlich zeichnet, die dieses Angebot wegen der netten Aperçus auch gerne annehmen. Andererseits liegen hier auch für »nette« Gynäkologinnen und Gynäkologen Fallstricke der Allmacht. Sie können sich zum besten Freund von heranwachsenden und erwachsenen Frauen hochstilisieren, weil sie und niemand anderes ihnen das Gefühl dafür vermitteln, was normal bei einer Frau ist und was nicht. Das geschieht manchmal in bester Absicht, doch mit ebenfalls üblen Folgen für das Selbstverständnis von Frauen und Mädchen.

Geprüfte Mädchen – die Gynäkologie enteignet Kindheit und Pubertät

Mädchen sind die neue Zielgruppe der Gynäkologie. Ihnen und ihren Müttern wird über vielfältige Kanäle der Eindruck vermittelt, es sei notwendig, jedes Mädchen zu untersuchen, sobald es seine erste Regel habe – am besten noch vorher. Je weniger Zutrauen die Mutter zu ihrer eigenen Weiblichkeit hat, desto williger wird sie mit ihrer Tochter diese »Hilfsangebote« konsumieren.

Zu diesem Behufe hat sich eigens die Arbeitsgemeinschaft Kinder- und Jugendgynäkologie mit dem Arbeitskreis »Teenager-Sprechstunde« gegründet, der durch Öffentlichkeitsarbeit ein Bewußtsein dafür schaffen will. Und das in wohlverstandenem Eigeninteresse: Denn hier wächst ja eine neue Patientinnengeneration heran, die es zu »integrieren« und zu überwachen gilt. Die Bremer Frauenärztin Dr. Mura Kastendiek: »Meines Erachtens ist die Teenager-Sprechstunde der sanfte Wegbereiter für die Bindung der Frauen an die medizinische Überwachung.« Nach einem von einem Pharmaunternehmen gesponserten Kompendium des Arbeitskreises solle den »gesunden jungen Frauen die Schwellenangst vor möglichst halbjährlichen Untersuchungen« genommen werden. Gleichzeitig sollen sie an die Einnahme von Hormonen gewöhnt werden, sagt die Ärztin. Am liebsten lebenslänglich. Erst freiwillig, dann regelmäßig und am besten vollzählig.

Kontrollierbare Weiblichkeit

Das klappt aber nur, wenn Mädchen und Frauen von vornherein das Gefühl vermittelt wird, mit ihnen sei etwas von Natur aus nicht in Ordnung und sie bedürften unbedingt der Hilfe von Gynäkologie und Pharmazie. Durch die Erzeugung von Angst bei Mädchen und Müttern sollen regelmäßige Untersuchungen gerechtfertigt werden. Mit Angst kann man vieles erreichen,

denn welche Mutter will sich schon den Vorwurf machen lassen, sie habe ihr Kind gefährdet und »irreparable Schäden« riskiert, wo sie sich und ihrem Körper doch schon selbst nicht über den Weg traut.
So hieß es etwa in der Zeitschrift »Medizin heute«: »In der Entwicklungsphase im Alter zwischen zehn und sechzehn treten Probleme im Unterleib gehäuft auf: Die erste Regelblutung, Ausfluß, unklare Bauchschmerzen verlangen nach sachkundiger Versorgung.« Hier werden ganz normale körperliche Vorgänge von Anfang an in gefährlicher Weise pathologisiert, und es wird ein »Bedarf« an medizinischer Versorgung geschaffen. Die heranwachsende Frau wird daran gewöhnt, daß ihre ganz normale Weiblichkeit von anderen beur- und eingeteilt wird.
Mädchen wird schon in der Pubertät vermittelt, daß sie eine kontrollierende Instanz von außen brauchen, das Vertrauen in ihren eigenen Körper und die Richtigkeit seines Funktionierens wird ihnen genommen. Sie lernen, daß ihre Hormone – also ihre Weiblichkeit – von der Medizin regelmäßig kontrolliert und korrigiert werden müssen, da man der Natur und ihren individuellen Abläufen nicht trauen kann und darf. Sie werden so verunsichert, daß sie fortan willige und bedürftige Kundinnen von Ärzten und Pharmaindustrie werden. Mura Kastendiek: »Nicht das Mädchen selbst entwickelt eine Professionalität, nicht die Frau kennt sich am besten mit sich aus, sondern sie benötigt eine Beurteilung von außen. Es wird folglich nicht die Selbstwahrnehmung

gefördert und die Übernahme von Eigenverantwortlichkeit, sondern eine Abhängigkeit von der Medizin.« Panikmache ist ein wesentliches Merkmal dieser Strategie. Kritischen Frauen ist sowieso nur damit beizukommen.

Viele heranwachsende Mädchen neigen ohnehin dazu, sich abzuwerten, und sind deshalb sehr empfänglich. Starke kleine Mädchen, die noch viele Bäume im Leben ausreißen wollten, werden mit der Pubertät zu verunsicherten jungen Frauen, die sich dann lieber doch nur mit Ikebana beschäftigen. In dieser Phase ist es höchst gefährlich, den Mädchen das Gefühl zu vermitteln, die Menstruation mache sie zur Patientin. Den Körper als Ort lustvoller, selbstbestimmter und sensibler Weiblichkeit zu erleben ist dann fast unmöglich.

Das 28-Tage-Dogma und die »Frauenkrankheiten«

In wissenschaftlichen Untersuchungen hat man herausgefunden, daß das Bild vom gesunden Menschen in der Medizin mit dem des Mannes übereinstimmt. Frauen, die ja regelmäßig bluten und in deren Leben ein gewisses Maß an innerer Bewegung, an Befindensveränderungen und auch an Mißempfinden normal ist, erscheinen neben dem männlichen Gleichmaß als krank. Sie werden in der Gynäkologie seit etwa 50 Jahren zunehmend als durch ihre Hormone bestimmte Wesen gesehen. Weiblichkeit wird über Hormone, die Frau nahezu ausschließlich über ihre Biologie definiert. Zyklusveränderungen werden in der Medizin nur noch als Ausdruck einer unvollkommenen, störanfälligen weiblichen Biologie gesehen, statt im Zusammenhang mit unterschiedlichen Lebenssituationen, wechselnden körperlichen und seelischen Belastungen und dem *normalen* Auf und Ab – auch der Hormone.

So entspricht es beispielsweise den medizinischen Gepflogenheiten, die Zeit zwischen zwei Regelblutungen in konkreten Zahlen zwischen 24 und 32 Tagen anzugeben. Der am häufigsten angegebene 28-Tage-Wert ist eine rein statistische, also theoretische Größe, die dazu dienen soll, eine Abweichung zu definieren (natürlich z. B. auch, um eine Schwangerschaft festzustellen). Alles, was darüber- oder darunterliegt, befindet sich damit auch gleich außerhalb der Norm. Daraus ergibt sich eine Reihe von »Abweichungen«, die als Krankheiten definiert werden können: zu lange Regel, zu kurze Regel, zu starke Regel, zu schwache Regel, zu schmerzhafte Regel, zu seltene Regel, zu unregelmäßige Regel und so weiter und so fort. Individuelle Ausprägungen des Monatszyklus und Änderungen seiner Rhythmik aus nachvollziehbaren Gründen, die etwa in den Lebensumständen liegen, werden in diesem Denken fast automatisch zu Krankheiten oder rücken doch zumindest in ihre Nähe.

Tatsache ist aber, daß kaum eine Frau einen Zyklus hat, der sich an diese Norm hält. Warum sollte er auch? Die Abweichung von der Norm ist die Regel und nicht umgekehrt. Die Zeit zwischen den einzelnen Blutungen ist naturgemäß mal länger, mal kürzer. Alle Versuche, Frauen auf diesen Rhythmus zu trimmen, sie in ein System von Norm und Abweichung zu zwängen, laufen darauf hinaus, ihnen Fesseln anzulegen und sie zu Kranken abzustempeln. Sicher sehen viele Ärzte diese Zusammenhänge aus ihrer eigenen Sozialisierung heraus nicht einmal bewußt – das schmälert ihren Einfluß und ihre eigene Beeinflußbarkeit von seiten der Pharmaindustrie jedoch nicht. Diese Normen gaukeln Frauen und Ärzten Sicherheit vor, denn mit ihnen scheint die weibliche Biologie – dieses ausgeklügelte und machtvolle Lebenssystem – berechen-, überschau- und steuerbar.

Kritische Experten wissen, daß in etwa 90 Prozent aller Fälle von »Zyklusstörungen« keine medizinische Ursache vorliegt und somit auch keine Notwendigkeit besteht, eine Behandlung einzuleiten. Im Gegenteil: Eine Therapie ist in vielen Fällen nur eine kosmetische Täuschung – eine Camouflage, unter der möglicherweise seelische Konflikte oder quälende Lebensumstände verborgen bleiben. Da die herkömmliche Frauenheilkunde nichts mit den wirklichen Ursachen und Zusammenhängen im Sinn hat, stößt sie schnell an ihre Grenzen und zieht einen Kometenschweif enttäuschter und immer stärker kränkelnder Frauen hinter sich her.

Wann ist eine Hormontherapie wirklich angezeigt? Wann ist ein zu erwartender Nutzen höher als das Risiko? Eine Frage, mit deren Beantwortung sich selbst kritische Gynäkologinnen und Gynäkologen schwertun. Denn es gibt viele widersprüchliche Forschungsergebnisse. Vor allem gibt es keine unabhängige Forschung. Wie hinter allen Medikamenten steht auch hinter den Hormonpräparaten eine mächtige Pharmaindustrie, die die Ärzte auf ihre Art informiert und ausbildet. Hormontherapien werden angepriesen, als würden Ärzte Prämien dafür bekommen. Medizinisch notwendig sind sie – wenn es sich nicht um die Verhütung handelt – nach derzeitigem Kenntnisstand nur

- bei Frauen mit seltenen genetischen Fehlanlagen,
- bei Frauen, denen die Eierstöcke herausoperiert werden mußten,
- bei Krebsarten, die auf Hormone reagieren,
- bei einer Dauerblutung,
- bei einer schweren Endometriose und gleichzeitigem Kinderwunsch,
- bei schwerem Knochenschwund.

Fast alle anderen Symptome, die mit Hormonen aus der Welt geschafft werden sollen, sind keine Krankheiten, sondern ganz normale Begleiterscheinungen der natürlichen hormonellen Schwankungen, mit denen jede Frau leben kann. Was normalerweise meistens auch gelingt, wenn die Frau über sich Bescheid weiß und die Vorgänge in ihrem Körper akzeptiert. Meist helfen schon Gelassenheit, Geduld und Vertrauen in den eigenen Körper – da sind sich alle streitbaren Gynäkologinnen einig.

Denn eines darf man doch nie aus dem Auge verlieren:

Bei allen künstlichen Hormonen handelt es sich um hochpotente Medikamente, die tief in die weibliche Biologie eingreifen und unter Umständen schwere Nebenwirkungen haben können. Nur zwei Beispiele: Die Diskussion über ein mögliches Krebsrisiko durch die Hormonbehandlung während der Wechseljahre ist trotz aller Dementis nicht vom Tisch. Und die jüngste Pillengeneration bekam wegen ihres Herz- und Kreislaufrisikos von den deutschen Gesundheitsbehörden eine rotgelb gestreifte Karte gezeigt. Die Liste der spektakulären Hormonflops ist wahrlich lang genug und tragisch.

Wollten wir hier die Auswirkungen von DES (Diäthylstiböstrol) oder Auswirkungen des Präparats »Duogynon« erwähnen, so wäre uns der Vorwurf der Panikmache gewiß. Doch Kritik wird heute auch an gängigen Mitteln geübt, die bei Fruchtbarkeitsstörungen Eisprünge auslösen können – etwa den sogenannten Antiöstrogenen. Damit werden die Eierstöcke oft so überreizt, daß mehrere Eizellen heranreifen und befruchtet werden können. Dann kommt es zu unerwünschten Mehrlingsschwangerschaften, die derzeit so häufig wie nie sind. Und schon hat die Reproduktionsmedizin eine »Abhilfe« parat: Einige der Embryonen werden durch die Bauchdecke hindurch gezielt, aber qualvoll abgetötet. Oft auch von Ärzten, die ungewollt schwangeren Frauen in prekären Lebenssituationen die Hilfe verweigern. Die Gynäkologin Heike Langenbucher kritisiert den unbedachten Einsatz dieser Präparate: »Es wird lie-

ber eine Mehrlingsschwangerschaft riskiert, als den ›Erfolg‹ des Arztes aufs Spiel zu setzen. Selbst wenn die Behandlung nicht zum persönlichen Glück der Betroffenen wird, sondern zur Belastung und zum gesundheitlichen Risiko für Mutter und Kind.« Es ist inzwischen erwiesen, daß ein Großteil der Ehen an der Belastung durch die Mehrlinge zerbrechen.
Nur »nebenbei«: Die Zahl der natürlichen Schwangerschaften steigt, das ist nachgewiesen, spontan um mehr als ein Drittel, sobald das betroffene Paar vor dem Streß der künstlichen Befruchtung kapituliert und den Kinderwunsch aufgibt. Therapie also auch hier: Geduld, Gelassenheit und das Vertrauen, daß der eigene Körper schon das Richtige »tut« und einen vielleicht auch auf etwas aufmerksam machen möchte.

Der Gynäkologe als Gottvater

Die Frauen sind in diesem Prozeß im Grunde nicht ohne Einfluß. Sie können sich informieren, kompetent für sich selbst werden, Fragen stellen, die das Gespräch mit dem Arzt über Diagnose und mögliche Behandlung in eine andere Bahn lenken. Lenken könnten. Doch ist ihnen die Manipulation so in Fleisch und Blut übergegangen, daß sie sie gar nicht mehr spüren. Ungerechtigkeiten oder Unzulässigkeiten werden von Frauen oft nicht einmal mehr bemerkt und deshalb auch nicht beklagt. Im Gegenteil: Viele Frauen überlassen sich gläubig den Empfehlungen ihres Gynäkologen, so daß man sie nicht von einer gehörigen Portion Eigenverantwortung freisprechen kann. Manche bekommen allerdings auch von ihrem Gynäkologen bedenkenswerte Empfehlungen, die sie aber nicht hören *wollen*, weil sie eine Therapie »besser finden« oder »lieber wollen«. Hinzu kommt, daß viele zuwenig über sich selbst wissen und normale Erscheinungen, die aus den zyklischen Abläufen in ihrem Körper zu erklären sind, für Krankheiten halten.

Relativ häufig wird allerdings auch mit Angst operiert, dann wird beispielsweise die Möglichkeit einer Krebserkrankung an die Wand gemalt, obwohl die Befunde gar nicht eindeutig dafür oder sogar dagegen sprechen. Die Angst vor Krebs, körperlichem Verfall oder dem Verlust der Jugendlichkeit ist ein perfektes Druckmittel. Allein die Erwähnung des Wortes Krebs löst – verständlicherweise – tiefsten Schrecken aus, macht willfährig für die Vorschläge des Arztes und kopflos für die Frage nach anderen Behandlungsmöglichkeiten. Es wird suggeriert, daß mit operativen Eingriffen der Krebs kontrolliert oder der körperliche Verfall mit Hormonen aufgehalten werden könne. Das stellte die amerikanische Forscherin Sue Fisher unter anderem bei ihrer Untersuchung zur Vorgeschichte von medizinisch nicht notwendigen Gebärmutterentfernungen fest. Das gleiche gilt aber auch für weitere Prohormonargumente wie die Risikofaktoren Herzinfarkt, Schlaganfall und Knochenschwund.

In deutschen Kliniken wird mit Hilfe dieser Strategie zuviel und oftmals ohne medizinischen Grund an Frauen herumgeschnippelt. Immer noch wird jede fünfte Gebärmutter völlig ohne Grund entfernt, meldete die Fachzeitschrift »Medical Tribune« kürzlich. Der »Hamburger Arbeitskreis Frauenselbsthilfe nach gynäkologischen Operationen« nennt sogar noch erschreckendere Zahlen: »Nur jeder zehnte Eingriff ist medizinisch geboten, jede zweite herausoperierte Gebärmutter ist völlig gesund.« Die bekannte Bremer Frauenärztin Eva Bauer: »In 90 Prozent aller Fälle wird mit Kanonen auf Spatzen geschossen!« Ein großer Teil aller Frauen, denen ihr Uterus operativ weggenommen wurde, entwickelt hinterher handfeste Beschwerden.

Der Gynäkologe Wolfgang Kauffels vom Frauenklinikum im Krankenhaus Oststadt in Hannover befragte 61 Frauen im Alter von durchschnittlich 46 Jahren. Ihnen war gerade wegen einer gutartigen (!) Erkrankung die Gebärmutter entfernt worden. Obwohl es sich bei keiner Patientin um eine Krebsdiagnose handelte, war nur 37 Frauen vor dem Eingriff eine Bedenkzeit eingeräumt worden, zwölf wurden sofort nach der Indikationsstellung in der Klinik behalten und operiert, und bei fünf Frauen wurde der Eingriff sogar völlig ungefragt vorgenommen. Sie wurden aus anderen Gründen operiert und erst beim Aufwachen aus der Narkose darüber informiert, daß »aus operationstechnischen Gründen« die Gebärmutter mit herausoperiert worden sei. Weitere sieben Frauen, die wegen anderer Gründe in der Klinik waren, wurden gewissermaßen dazu überredet: »Wo Sie schon mal hier sind, könnte man Ihnen die Gebärmutter gleich mit wegnehmen!« Man ließ ihnen nicht einmal den Anflug einer Chance, sich auf diesen unnötigen Eingriff und dessen Folgen vorzubereiten.

Die Meinung eines zweiten Arztes oder einer Ärztin holten nur neun dieser Frauen ein. Auf die Frage, warum sie sich operieren ließen, gaben die Patientinnen unter anderem an: »Weil mein Arzt es gesagt hat!« Ein Fünftel der operierten Frauen hatte noch nicht einmal vorher Beschwerden gehabt. Aber von denen haben sich dann zwei Drittel durch die Operation welche eingehandelt. Wolfgang Kauffels bei der 25. Jahrestagung für Psychosomatische Geburtshilfe und Gynäkologie: »Bundesweit hochgerechnet ist das die Spitze eines Eisberges!«

Und das obwohl die Gebärmutterentfernung – medizinisch Hysterektomie – keine Bagatelloperation ist, sondern zu den großen Operationen zählt. Laut Statistik sterben an dem Eingriff letztlich mehr Frauen als an Geschwülsten im Unterleib. Dennoch gibt es kein Organ, an dem so engagiert herumgeschnippelt wird. Jede sechste Frau über 35 Jahren hat keine Gebärmutter mehr. Nur wenige Diagnosen sind tatsächlich so zwingend, daß sie die radikale Operation rechtfertigen. So finden denn auch viele Frauen die Nebenwirkungen

der Gebärmutterentfernung schlimmer als die ursprünglichen Beschwerden.
Die Gebärmutter hat einen großen Anteil am Selbstwertgefühl und der weiblichen Identität. Die Leere, die die Operation hinterläßt, ist schwer auszugleichen. Viele Frauen ohne Gebärmutter haben ein gestörtes Selbstbild. Denn die Gebärmutter, derer sich so viele Frauen auch freiwillig berauben lassen, ist, auch wenn kein Kinderwunsch (mehr) besteht, beileibe kein überflüssiges Organ: Sie produziert einen Teil der Beta-Endorphine, die das Glücksempfinden steigern und Schmerzen abblocken. Der Muttermund bildet Prostaglandine, die auf den Blutdruck wirken, den Fettstoffwechsel mobilisieren und die Feuchtigkeit produzieren, die für die Gleitfähigkeit der Scheide sorgt. Hochsensible Nerven am Muttermund und Kontraktionen der Gebärmutter wirken am Orgasmus mit. Probleme mit dem Sex, der Sexualität und dem Orgasmus gibt es nach der Operation praktisch gratis mitgeliefert.
Die Häufigkeit von Gebärmutteroperationen – das haben amerikanische Studien bereits vor Jahren ergeben – hängt von der Arztdichte eines Bezirkes und der Anzahl der Belegbetten des jeweiligen Krankenhauses oder der Bettenzahl ab. Auch hierzulande braucht ein angehender Frauenarzt einen vollen Operationskatalog. Er muß für seine Facharztausbildung eine bestimmte Anzahl von Gebärmutteroperationen vorweisen.
Erschwert wird das Problem auch hier durch die Tatsache, daß es immer mehr Gynäkologen gibt. Wenn all

diese Ärzte ihr Auskommen haben wollen, müssen sie dafür sorgen, daß es mehr Arbeit gibt. Mit anderen Worten: Wo keine medizinische Notwendigkeit für eine Operation vorliegt, muß sie geschaffen werden. Und so raten einige Gynäkologen auch bei psychisch bedingten Beschwerden zu einer Entfernung der Gebärmutter. Gern wird der lebensspendende Uterus auch als Brutstätte von Krebs dargestellt, die besser schon vorbeugend beseitigt werden sollte. Nach Meinung der Kritiker schüren manche Ärzte diese Ängste ganz bewußt. »Wie jeder gute Handelsvertreter weiß auch ein Gynäkologe in kürzester Zeit, ob er einer Frau eine Gebärmutteroperation verkaufen kann oder nicht«, behauptete der Bremer Soziologieprofessor Gerhardt Amendt schon vor einigen Jahren.

Auch in der Geburtshilfe wird zu oft geschnippelt. Selbst Gynäkologen monieren zu viele unnötige Kaiserschnitte und überflüssige Dammschnitte im Kreißsaal. Den »dramatischen Anstieg« von Schnittentbindungen in den vergangenen fünfzehn Jahren bemängelte vor einiger Zeit auch der Frauenarzt Ernst-Joachim Hickl auf einem Gynäkologen-Kongreß. In manchen Geburtskliniken bringe jede Frau ihr Kind so auf die Welt. Meist sei dies gar nicht angebracht, sagte der Mediziner. Das Risiko für Mutter und Kind ist dabei zehnmal so hoch wie bei einer normalen Geburt. Es bestehe bei den männlichen Kollegen jedoch die Neigung, der Natur sowenig wie möglich zu überlassen. Auch der Dammschnitt geht an den natürlichen Bedürfnissen der meisten Frauen vorbei: Mit der Begründung, daß ein glatter Schnitt besser verheile als ein natürlicher Riß – zu dem es bei richtiger Vorbereitung und Betreuung gar nicht kommen muß –, wird heute beinahe jeder Frau unter der Geburt dieser Einschnitt von der Scheidenöffnung zum After geradezu aufgedrängt.

Vollgepumpt und abgeschoben

»Es wird Zeit für ein paar Wahrheiten über Hormonschwankungen und Hitzewallungen!« verkündete kürzlich die streitbare amerikanische Ärztin Susan Love in einem »Stern«-Interview. Vor der Menopause, heißt es, halten Hormone jung, sexy und saftig. Will man der Fama Glauben schenken, sind dieselben Hormone dafür verantwortlich, daß Frauen nach den Wechseljahren zusammenschrumpeln, schlagartig unattraktiv werden und die Lust am Sex verlieren. Außerdem liefern sie Osteoporose und Herzinfarktrisiko gratis mit.
Die Pharmaindustrie nutzt die Unsicherheit von Frauen geschickt, um den Mythos zu verstärken, daß die Wechseljahre eine Krankheit sind, ein permanenter Hormonmangelzustand, der nur mit der Zufuhr künstlicher Hormone aufzuhalten ist. Dazu Susan Love im »Stern«: »Aber es stimmt nicht, daß die Eierstöcke ihre Arbeit plötzlich einstellen und nutzlos herumhängen. Neue Studien beweisen, daß sie bis ins hohe Alter weiterhin Hormone bilden – allerdings in anderer Zusammenset-

zung als zuvor – so wie es für den Körper in dieser Lebensphase angemessen ist.« Sonst würde der Körper mit seinem feinabgestimmten und hocheffektiven Wechselspiel das im übrigen auch nicht tun.

Die meisten Ärzte empfehlen für die Wechseljahre eine »Therapie« mit einem Östrogen-Gestagen-Präparat. Weil sie keine Zeit haben – oder auch kein Interesse –, Forschungsberichte zu studieren, beziehen sie ihre Informationen von der Pharmaindustrie, und die wird einen Teufel tun, es mit der Wahrheit so genau zu nehmen. Das Geschäft mit den Wechseljahren ist ein ganz besonders lukrativer und stark wachsender Markt. Und Frauen in ihrer Panik, nicht attraktiv genug und mal wieder »irgendwie nicht richtig« zu sein, schwören massenweise auf diese »Therapien«.

Natürlich soll keiner Frau verwehrt werden, wovon sie glaubt, es würde ihr helfen. Es muß jedoch mit dem Irrglauben aufgeräumt werden, es sei eine notwendige – oder gar lebensnotwendige – Behandlungsmaßnahme. In den meisten Fällen kann auch dieses allenfalls eine kosmetische Maßnahme sein. Denn die einschlägigen Studien, die zu diesem Thema vorgenommen wurden, kommen zu dem Ergebnis, daß die Versprechen von Medizin und Pharmaindustrie in Sachen Herzinfarkt- und Osteoporosevorbeugung oder Jungbrunnen für jedefrau durch Hormone weitgehend Wunschdenken sind:

• Susan Love: »Es gibt keinen einzigen Hinweis dafür, daß das Aussehen etwas mit dem Östrogenspiegel zu tun hat.«

• Für den Spaß am Sex gilt: Wer bis zur letzten Regelblutung sexuell aktiv war, wird auch danach keine Änderung feststellen. So berichten sexuell erfüllte Frauen auch nach den Wechseljahren weder über eine trockene Scheide noch über anderen Frust im Bett.
• Keine Untersuchung hat jemals eindeutig nachgewiesen, daß eine langfristige Hormontherapie Herzerkrankungen verhindert.
• Eine Dauertherapie von mehr als fünf Jahren erhöht das Risiko von Brustkrebs. Der Schutzfaktor wird über-, die Risiken unterschätzt.
• Nur etwa 25 Prozent aller Frauen bekommen überhaupt Osteoporose, und davon nur ein winziger Bruchteil eine klinisch manifeste. Außerdem wird auch hier immer so getan, als seien die Östrogene, die eine Rolle bei der Knochenfestigkeit spielen, der einzige Risikofaktor. Dabei spielen Untergewicht (im Fettgewebe werden auch weiterhin Östrogene gebildet), künstliche Hungersnöte durch Radikal- und Dauerdiäten, zuwenig Bewegung, schwache Muskulatur, zuwenig frische Luft und Sonne, Rauchen und unausgewogene Ernährung und schlechter Allgemeinzustand ebenfalls eine entscheidende Rolle. »Wir können überhaupt nicht sagen, wer betroffen sein wird!« mahnt Susan Love.

Auch die medizinische Fachzeitschrift »Medical Tribune« verkündete: »Was auch immer an Legenden über die bösen Wechseljahre umgeht – depressiv macht die Menopause per se nicht!« Depressionen sollten in diesem Lebensalter genauso behandelt werden wie in jedem anderen Alter auch. Zu diesem Fazit kamen unabhängig voneinander zwei Wissenschaftlerinnen. Sie hatten das Beweismaterial für den oft beschworenen Zusammenhang zwischen Menopause und Depression kritisch unter die Lupe genommen. Es ist eben nicht so, daß mit dem Eintritt der Wechseljahre ein physischer und emotionaler Verfall sondergleichen beginnt, der in einer tiefen Depression endet.

6. Psychoszene – Endlich abhängig!

Mysterien der Weiblichkeit

Es ist weithin bekannt, daß es neben der fachlich anerkannten Psychotherapie ein alternatives Therapieangebot gibt. Fachliche Kompetenz und Außenseitertum gehen fließend ineinander über. Eine Grenze ist schwer zu ziehen, aber je mehr man sich den alternativen Grenzbereichen nähert, desto stärker wird die Psychotherapie mit religiösen oder esoterischen Angeboten vermischt. Und umgekehrt. In diesem Bereich gelten die kontrollierenden Regeln unseres Gesundheitswesens nicht mehr. Die Teilnahme an den angebotenen Veranstaltungen regelt sich nach Angebot und Nachfrage und nach den religiösen und weltanschaulichen Bindungen des einzelnen. Daneben gibt es jedoch auch Angebote, die mit einer psychologischen-psychologistischen Ideologie, die die Gestalt einer Heilslehre annehmen kann, einhergehen. Solche Gruppen werden als Psychosekten bezeichnet, während sich für den alternativen Markt der Helfer und Hilfen der Ausdruck »Psychoszene« eingebürgert hat.

Die oft sehr jungen Hilfesuchenden – und dies kann niemandem gleichgültig sein – wissen häufig nicht, auf welche Weltdeutung und welche Lebenspraxis sie sich einlassen, wenn sie durch einen »Tantrischen Meditationskurs« oder durch »Atemintensive Körperarbeit« seelische Gesundheit finden wollen. Dieser große Markt alternativer Psychotherapien wird von ärztlicher Psychotherapie und Psychologie ganz offensichtlich ignoriert.

Die Machtmittel der »therapeutischen Führer« solcher Gruppen oder Kurse sind ähnlich, so unterschiedlich ihre Angebote auch sind: Da ein Therapeut »weiß«, was mit einem Menschen »wirklich« los ist, während die Äußerungen des Klienten Ausdruck seiner »Neurose« oder seiner »Unerleuchtetheit« und damit »uneigentlich« sind, kann er jede Kritik (im Extrem jede Selbständigkeit) von seiten des Klienten abblocken. Ähnlich wie in den Psychosekten – aber ohne die direkte Abhängigkeit von einem Guru oder einer fixierten Ideologie – soll das gute Leben durch die Kehrtwendung nach innen, durch die Erkundung und den »Umbau« der eigenen Person erreichbar werden.

Nicht wenige Menschen machen sich mit dieser Hoffnung auf die Reise nach innen, auf den Psychotrip, durchlaufen eine Seelenerfahrung nach der anderen und lassen frühere Bindungen und Ziele hinter sich. Das Ende dieser Reise kann Enttäuschung und heilsame Ernüchterung, aber auch Leid, Verzweiflung und Absturz sein. Der neue im Hier und Jetzt ruhende, rund-

um sensible und glücksfähige Mensch bleibt in jedem Fall ein Phantom.
Zur Zeit dürfte es kaum eine Mischung psychologischer und religiöser oder esoterischer Methoden geben, die nicht irgendwo angeboten wird. Zum Beispiel werden in der Reinkarnationstherapie Menschen mit Hilfe von Suggestionstechniken in angeblich frühere Existenzen versetzt, auf Entspannungs- und Meditationskassetten wird Anleitung zur Selbsthypnose und zu positivem Denken geboten, um die berufliche Kreativität zu steigern. Dieselben Anleitungen können aber auch auf esoterische Astralreisen in höhere Seinszustände zielen. In anderen Gruppen werden alte gruppendynamische Elemente mit Mond-Philosophie gepaart. Eine Selbsthilfegruppe für Frauen bietet eine feministisch-spirituelle Therapie »Mysterien der Weiblichkeit« an. Und an allem ist ein bißchen was dran.
Der Psycho- und Wohlfühlmarkt bietet also neben der Vielfalt der konsumierbaren Angebote auch Antworten auf Sinn- und Lebensfragen. Man sollte die große innere Not nicht vergessen, die die Psychoszene widerspiegelt. Ihr Erfolg liegt nicht nur an der Verbreitung seelischer Krankheiten im engeren Sinn; Triebfeder sind auch die menschliche Isolation in unseren Großstädten, das Fehlen verläßlicher Bindungen an Angehörige und Gleichgesinnte, an Institutionen und Gemeinschaften. Verlorene Werte, Liebeshunger und Glaubenssehnsüchte führen die Menschen auf die Suche und nicht selten zu fragwürdigen Antworten. Es sind

bessere Antworten nötig als die der Psychogurus und »billigen Jakobs« des Psychomarktes.

Mein Therapeut, mein Guru

Zahlreiche Psychologen und Psychotherapeuten bieten Hilfe für jede Lebenslage an. In den USA hat jede und jeder, die oder der etwas auf sich hält, »ihren« oder »seinen« Psychologen oder Psychoanalytiker. Manchmal auch mehrere – für jedes Problem einen anderen. Auch hierzulande boomt das Psychogeschäft. Studierte »Seelenklempner« oder nicht studierte »Erfahrungs«-Scharlatane sahnen reichlich ab. Viele von ihnen versprechen viel und halten wenig. Nur wenige halten fachlichen Kriterien stand.
In den letzten Jahren ist mit dem Begriff Psychotherapie viel Verwirrung gestiftet worden. Manche selbsternannten Therapeuten haben mit den unterschiedlichsten Methoden jede Menge schnelles Geld verdient. Auch in der Vielfalt der Therapierichtungen, ob sie nun ernstzunehmen sind oder nicht, findet sich kaum noch jemand zurecht. Nicht einmal ein »Diplom« ist eine Garantie dafür, daß ein Therapeut gut ausgebildet worden ist – wenn überhaupt. Jeder darf sich ein Schild an die Tür hängen, auf dem »psychologische Beratung« steht. Solange er oder sie bei Rat und Tat für »allgemeine Lebensprobleme« bleibt, braucht er dazu nicht einmal eine sogenannte Heilerlaubnis. Diese braucht

ein Therapeut, sobald er sich mit der Behandlung psychischer Erkrankungen wie Neurosen und Depressionen befaßt. Wer nicht daran interessiert ist, über die Krankenkassen abzurechnen, kann sich in sechs Wochen zum Heilpraktiker ausbilden lassen, und schon funktioniert's. Ein besonderer Nachweis über psychotherapeutische Ausbildung ist nicht notwendig. Der Begriff »Psychologischer Psychotherapeut« ist erst seit kurzer Zeit ein Qualitätsgarant. Alle Wildwuchs-Therapeuten, die sich bisher so nennen, dürfen dies jedoch – auch ohne Ausbildung – auch weiterhin.

Es gibt gewissermaßen zwei Psychomärkte, auf denen sich die Seelenklempner tummeln: Da ist einmal das offizielle Gebiet, das die Psychoanalyse und die Verhaltenstherapie umfaßt und von ausgebildeten Therapeuten bestückt wird. In ihren Praxen werden unter anderem auch Gestalt-, Gesprächs-, Paar- und Familientherapien angeboten. Als gewisses Qualitätskriterium gilt, daß diese Leistungen über die Krankenkassen abgerechnet werden können und somit einer gewissen Kontrolle unterliegen. Diese Therapie-Szene hat nur selten mit spektakulären Erfolgen aufzuwarten. Sie besteht aus Therapeuten, die in Krankenhäusern, Reha- und Suchtkliniken, öffentlichen Beratungsstellen und privaten Praxen arbeiten. Unbestritten ist, daß Kranke hier sinnvolle und fundierte Hilfe finden.

Der andere Markt ist eine Art grauer Markt des Psychozaubers. Man schätzt, daß hier mehrere hundert Arten von »Therapien« angeboten werden, die in seriösen Lehrbüchern nicht zu finden sind. Tendenz steigend. Die Angebote sind ebenso schillernd wie die Anbieter. Jeder findet eine Nische, in der sich gewinnbringend irgend etwas irgendwie vermarkten läßt. Therapie ist hier oft nicht Ausweg aus einer Lebenskrise, sondern so etwas wie eine Weltanschauung. Selbsterfahrung und Bewußtseinserweiterung sind häufig genannte Schlagworte: Sie nennen damit Therapieziele – ohne daß vorher ein Leiden klar diagnostiziert wurde –, die in Kursen, hauptsächlich an Wochenenden und für zufällig zusammengewürfelte Gruppen, erreicht werden sollen. Viele selbsternannte Therapeuten aus der Grauzone stammen aus der Anhängerschaft des toten Bhagwan, heute Osho genannt, und anderen sektenartigen Bewegungen. Viele sympathisieren mit esoterisch verbrämten Weltanschauungen.

Ein besonderer Reiz dieser Grauzonen-Therapien liegt in spektakulären Techniken. Manche provozieren Gefühlsausbrüche und seelische Zusammenbrüche als »Befreiung« und lassen die Zusammengebrochenen dann mit ihrem Scherbenhaufen allein. Manche Menschen klinken dabei richtig aus, was solche Wald- und Wiesenkurse gefährlich macht.

Die bekannte und anerkannte Psychologin Alice Miller prangert solche Therapien als fast lebensgefährlich an. Sie schildert in »Psychologie heute« ihre eigenen Erfahrungen mit der sogenannten Primärtherapie – nach ihrem Erfinder der erklärte »Weg zur systematischen Aufhebung der Verdrängung«: »Ich halte das, was mir dort zugemutet wurde, für einfach unverantwortlich. Am Ende dieser drei Wochen waren meine Gefühle derart aufgewühlt, daß ich meinen Schlaf nicht mehr fand, daß ich zum ersten Mal in meinem Leben an Suizid dachte und Angst hatte, psychotisch zu werden. Ich fürchtete mich auch schon vor dieser Therapie, die meinem Organismus den Schlaf raubte, aber ich konnte ihr nirgends mehr entfliehen. Die Geister, die ich rief, ließen sich nicht mehr verjagen.«

Urschrei – teures Geplärr

Es ist erstaunlich, wer und was sich alles hinter der Bezeichnung Lebensberatung versteckt. Der Phantasie sind keine Grenzen gesetzt. Nichts ist unmöglich: Da gibt es Identitätsdesign, Kartenlegen, Farbtherapie, Typberatung, meditatives Malen für Frauen, Bauchtanz gegen Menstruationsbeschwerden, afrikanische Trommelgruppen, biodynamische Körpertherapie, Aura-Arbeit, Reinkarnation, Selbstheilung, Rebirthing, Polarity, Primärtherapie, Neurolinguistisches Programmieren oder Reimprinting. Auf diesem Markt tummeln sich nicht nur selbsternannte Therapeuten, sondern auch diplomierte Psychologen, die mit allen Mitteln versuchen, anderen das Geld aus der Tasche zu ziehen.
Begeisterungswillige Abnehmer dieses Therapiesammelsuriums waren und sind vor allem Frauen auf der Suche nach ihrem Selbst. Egal, ob sie im privaten oder

beruflichen Selbst gründeln wollen – es werden ihnen Hunderte von Möglichkeiten offeriert. In den letzten Jahren hat es vor allem eine Schwemme von Karriere-Kursen und Weiterbildungsseminaren gegeben. Am gefragtesten sind dabei die Kurse für Frauen, die hübsch verpackt im Wochenendarrangement mit Kosmetik, Sauna, Pool, Massage und Begrüßungscocktail im ohnehin am Wochenende leerstehenden Luxushotel stattfinden. Beliebt sind auch Kurse in Gegenden »ländlicher Stille und kontemplativer Abgeschiedenheit«. Allein der Weiterbildungsmarkt verzeichnet Zuwachsraten von sieben Prozent jährlich. Zu den 30 000 Anbietern zählen 6 000 einzelne Referenten und Trainer. Insgesamt 50 Milliarden Mark fließen allein in diesen Markt. 17 Millionen Menschen befassen sich jährlich mit ihrer Entfaltung von beruflichem Fachwissen und Persönlichkeit.

Viele Seminare füllen eine Marktlücke, weil nicht wenige Frauen nach Halt und neuen Erfahrungen suchen oder auf der Suche nach einem neuen Job sind. Mit dem Versprechen, damit beruflich weiterzukommen, werden hier angeboten: Bewerbungs- und Bewußtseinstraining, Outfit- und Farbberatung, Selbst- und Konfliktmanagement, Gesprächs- und Verhandlungstaktik für Frauen, Existenzgründung und erlebnispädagogische Übungen, guter Ton am Telefon, Selbstbegeisterungsübungen, Interaktionsspiele, NLP-Techniken und Design Human Engineering in Verbindung mit Outdoor-Techniken, mentales Training, Balancing sowie Ziel- und Zeitma-

nagement. Und das für »alle Frauen, Berufstätige, Hausfrauen, Mütter, Omas, die es satt haben, sich vom Zeitdruck auffressen zu lassen, die Zeit finden wollen, für das, was ihnen wichtig ist«. Gutes Benehmen ist selbstverständlich auch unbedingtes Must für alle, die beruflich weiterkommen wollen, und deshalb als Benimmkurs auch im Angebot enthalten.
Alles, was ein pfiffiger Mensch sich ausdenken kann, findet sich in mehr oder weniger obskurer Kombination auf dem Markt der Möglichkeiten. Ob das, was da miteinander kombiniert wird, überhaupt wirkt, ob es sich gegenseitig verstärkt, aufhebt oder schwere negative Auswirkungen hat, bleibt unbeantwortet. Vor Risiken und Nebenwirkungen wird nicht gewarnt.
Als ganz besonders gefährlich müssen dabei Kurse gelten, die von Sekten unterwandert sind. Ihr erklärtes Ziel ist eine Veränderung der Persönlichkeit, sprich: Gehirnwäsche.
Von diesen obskuren Psycho-Gurus sollen schon rund 600 ihr Unwesen mit Firmenbilligung treiben. Dabei werden die Teilnehmer zum Beispiel mit verwirrenden Botschaften überladen und unter Streß gesetzt. Dazu gehören Schlaf- und Essensentzug ebenso wie die totale Isolation von der Außenwelt. Die Seminarteilnehmer werden bis ins Intimste ausgeforscht und müssen sich auch sexuell outen. Nach stundenlangem Seelenstriptease sind die Geschulten meist so zermürbt, daß sie innerlich zusammenbrechen und wehrlos schlucken, was ihnen zugemutet wird.

Nicht selten werden Banalitäten als psychologische Weisheiten verkauft: »Sobald Sie sich bei einem negativen Gedanken ertappen, ersetzen Sie ihn durch einen positiven. Sprechen Sie nur gut über sich und andere. Entwickeln Sie Begeisterung, wer begeistert ist, kann andere begeistern. Entdecken Sie Leidenschaft für das, was Sie haben. Bringen Sie sich in Stimmung, tun Sie, was Ihnen Spaß macht, und teilen Sie das anderen mit! Halten Sie sich gerade, tragen Sie den Kopf hoch!«
Diese Schlichtrezepte bleiben logischerweise an der Oberfläche hängen und vernachlässigen einen wichtigen Aspekt: die Beziehung, die jeder Mensch zu sich selbst hat, und in welchem persönlichen und gesellschaftlichen Umfeld sie oder er lebt. Viele verlieren erst in solchen Kursen den Blick für die Fähigkeiten und Möglichkeiten, die in ihnen stecken.
Früher hatten die Menschen im Vergleich zu heute auch Probleme – vielleicht sogar noch mehr. Doch sie hatten auch Familien, Freunde, ihren Hausarzt, den Apotheker, den Pfarrer und viele andere, die ihnen in Krisenmomenten zur Seite standen, um das »Leben neu zu designen«. Und das völlig kostenfrei. Seit Gleichberechtigung der Geschlechter, freie Liebe, finanzielle Unabhängigkeit und Selbstverwirklichung an die Stelle der bisherigen Lebensmuster traten, erlebt das Streben nach Individualität einen Boom.
Individualisierung und Selbstisolation sind Instrumente

eines neuen Freiheitsgefühls geworden. In diesem modernen Single-Zeitgeist, wo sich Menschen auf sich selbst zurückziehen, passiert es immer öfter, daß sie auch wegsehen und weghören, wenn Mitmenschen in Not oder Bedrängnis geraten, und immer seltener wollen sie in »irgend etwas hineingezogen« werden. Das hat eine innere und äußere Vereinsamung der Menschen zur Folge, ein Niemandsland, in dem Austausch, gegenseitige Anteilnahme und auch das Regulativ durch andere vielfach fehlt.

In einer Welt ohne Halt und menschliche Bezüge bietet der Psychokult seine Hilfe an. Er verheißt über Selbstfindung und Persönlichkeitsveränderungen Zufriedenheit, Glück und Erfolg. Die vielfältigen Angebote füllen die Lücken im modernen Leben. Sie sind Ankerpunkte für Einsame, bieten Kontakt zu anderen Menschen, Gespräche mit Leidensgenossen und ein offenes Ohr, wo kein anderer mehr zuhört. Sie ersetzen Freunde, Familie und Partner. Sie lassen den Mangel an wirklichen Beziehungen nicht mehr so schmerzlich merken, vor allem aber verpflichten sie zu nichts. Die meisten Teilnehmer solcher Kurse, die versuchen, ihre Leere auszufüllen, bleiben auf den Konsum beschränkt.

Versagt eine solche »Therapie«, ist der Absturz in die Isolation um so schlimmer. Und versagen müssen solche Therapien, weil sie an den wirklichen Ursachen nichts ändern und deshalb mit leeren Versprechungen arbeiten müssen. Die Leere bleibt und wird mit dem süchtigem Verlangen nach immer neuen »Therapien«, nach immer neuen Inhalten gefüllt. Und dann muß flugs ein neuer Kursus her. Viele erwarten zuviel von einer Therapie und hoppen deshalb von einer zur nächsten. Hat es mit dem Ur-Schrei nicht geklappt, hilft vielleicht die Aura-Politur.

Auch die Medien bedienen sich mehr denn je der Hilfe von Psychotherapeuten. Vor allem Frauenzeitschriften bringen kaum noch ein Thema ohne psychologische Absegnung. Kein Psychodrama, keine Lebenskrise, keine Sucht ohne die drohende Frage an die Leserinnen: Haben Sie schon mit ihrem Psychotherapeuten darüber gesprochen? Banale Themen gewinnen durch Zitate von Therapeuten an Tiefe. Manch ein »Experte« untermauert jeden Quatsch. Nicht wenige lassen sich in Talkshows zur Karikatur degradieren.

Auch der Markt der Psychobücher boomt. Einer der rührigsten Psychologen ist der Münchner Tausendsassa Stefan Lermer, der Erfinder der »Selbstbegeisterungsseminare«. Er coacht, berät im Radio und Fernsehen, schreibt Bücher am Fließband und bespricht Tonbandkassetten. (Mehr Gewinn plus Sinn mit weniger Streß.) Er äußert sich zu drängenden Themen der Zeit wie Frühlingsgefühlen, Sektiererei, Callboys, Hypnose oder Freitag, dem 13. Auch mit derlei Sinngefasel läßt sich hübsch Kasse machen: Lermer kassiert für eine Zeitschriftenseite bis zu 4 000 Mark, für ein dreitägiges Seminar bis zu 18 000 Mark. Und das ist noch vergleichsweise »günstig«. Heiko Ernst, Chefredakteur von »Psychologie heute«: »80 Prozent von dem, was da verbreitet wird, ist banaler Müll. Der Rest ist fragwürdig.« Dennoch: Er wird gläubig hingenommen.

Therapieziel: Ich will 'nen Cowboy als Mann

»Wenn ich nur ein wenig skrupelloser wäre und wenn ich dringend einen reichen Mann bräuchte, dann tät ich folgendes: Ich würde ... ein paar Wochenend-Seminare besuchen (und sei's nur, um den richtigen Jargon zu lernen), sodann würde ich mir selbst auf meinem Computer die entsprechenden Zertifikate und Diplome entwerfen – und schon wäre ich als Streßberaterin im Geschäft. ›Streß‹ wäre sicher das beste Arbeitsgebiet für mich, denn dort bekäme ich vorwiegend ... die reichen Kerle ... Wenn ich ein Mann wäre und weibliche Patienten haben wollte – entweder ihr Geld oder ihren Körper –, dann würde ich nicht als ›Streßtherapeut‹ arbeiten. Nein, dann würde ich mich beispielsweise zum ›Transformativen Traumberater‹ weiterbilden – und ich würde meinen Klientinnen anbieten, ihnen dabei zu helfen, wie sie ›mutig ihre Gewohnheiten und Grenzen überwinden könnten, die sie hemmen, wie sie den Energiefluß und das Mysterium der Frau tief in ihnen herauslassen könnten‹.
Oder – als Humanistischer Psychotherapeut – würde ich sie ›sanft ermutigen, ihrer eigenen, tiefen, weiblichen Weisheit zu folgen, sich mit ihrem Körper zu versöhnen und seine Verbindungen zur Lebensgeschichte zu ent-

decken«, schreibt die bekannte Romanautorin und Psychologin Fay Weldon in einer »Sehr persönlichen Warnung vor Psychotherapie« (aus: Ursula Nuber, »Bin ich denn verrückt?«).

So ähnlich muß auch der neueste Modehit unter den Kulttherapien entstanden sein: Das Neurolinguistische Programmieren ist eine Kombination aus den Highlights aller möglichen, auch anerkannten Therapien. Für diese »neue« Therapieform wurden die Rosinen aus dem Kuchen gepickt, ohne noch auf den Teig zu schauen, in den sie eingebettet waren. Wie durch Zauberhand gerührt, verspricht sie minutenschnellen Erfolg bei Psychoblockaden und Ängsten jeglicher Art, während andere Therapien auf mühevolles Durchkauen und Üben setzen. NLP bringt verbrauchte Energie sofort zurück, und zwar grenzenlos, versteht sich. Auf dem Markt tummeln sich nicht nur diplomierte Psychologen, sondern unter dem nicht geschützten Begriff können auch Heilsversprecher und Zauberlehrlinge ohne therapeutische Ausbildung zur Kasse bitten.

Ein Eckpfeiler dieser Methode ist die Umprogrammierung aller negativen Wahrnehmungen und Empfindungen auf positives Erleben. Gleichschalten aller Gefühle lautet die Parole. Davon künden auch Buchtitel wie »Gut drauf sein, auch wenn's schiefgeht!« Theoretisch ist es also mit NLP denkbar, jede Trauer mit positivem Körperausdruck wegzubekommen. Mal davon abgesehen, daß Trauern ein wichtiger Verarbeitungsprozeß des Menschen ist, müssen beim Neurolinguistischen Pro-

grammieren zu hoch gesteckte Erwartungen oder Ziele aber auch gleich wieder vorsorglich gedämpft, praktisch auf Normalmaß zurückgeschnurrt werden.
Auch in Manuela Brinkmanns Buch »Unterwegs zur Vollkommenheit« müssen die Leserinnen ihre Wunschziele den realen Möglichkeiten anpassen. Statt der Beschwörungsformel »Ich will einen reichen Mann heiraten!« muß die Frau sich vorsichtshalber doch etwas bescheidener vorbeten: »Ich werde mich angemessen in der Umgebung reicher Männer aufhalten, um die Wahrscheinlichkeit, sie kennenzulernen und vielleicht zu heiraten – zu erhöhen!« Also, auf an die Börse, Mädels, auf Renn- und Golfplätze, in Autosalons und teure Hotelbars. Eine teuer bezahlte hornalte Erkenntnis, Erfolgsrezept aus Großmutters Mottenkiste. Während die NLP-Frauen noch lange Beschwörungsformeln murmeln, haben Naturtalente den reichen Kerl schon längst auf der Bettkante sitzen.
Wer es dennoch nicht schafft, ist mal wieder selber schuld. Den bestraft das Leben. Der Weg zur Vollkommenheit dauert dann noch etwas länger. Die typischen weiblichen Schuldgefühle werden in solchen Therapien oft eher untermauert als hinterfragt. Schlägt die Therapie fehl, ist nicht die Methode, sondern die Frau schuld. Sie meint, es läge an ihr, wenn die versprochene Erlösung nicht stattfindet. Lieber quält sie sich dann mit Selbstvorwürfen, als daß sie die Methode, das Versprechen oder den Guru in Frage stellt.
Die wenigen ernstzunehmenden Studien über den

Erfolg von NLP kommen zu ernüchternden Ergebnissen: Die Wirkung des Neurolinguistischen Programmierens wird von seinen Verfechtern einfach vorausgesetzt, aber weder nachgewiesen noch aufgelistet. Wie viele die Therapie abbrechen oder Mißerfolge oder Rückschläge erleben, ist unbekannt. Daß das auch so bleiben soll, entspricht einem Leitsatz des NLP: »Lassen Sie nicht zu, daß negative Gedanken Ihren Erfolg verderben!«

Eldorado für Trickbetrüger?

»Die ›Heilung‹ ist genauso undefinierbar wie die Beschwerden, denn die Therapeuten unterliegen in der Mehrheit keinen strengen Regeln. Ihre Akademien und Lehreinrichtungen sind in hohem Maße undurchschaubar und halbseiden, und die Mythen, mit denen sich diese Therapeuten umgeben, sind so geheimnisvoll wie die anderer Priesterschaften. Wir sollen nicht daran herumrätseln, wir sollen nicht kritisch sein – wir sollen nur ihrem verborgenen Wissen vertrauen und sie pünktlich bezahlen. Ob es eine Therapie mit LSD ist (eine Lieblingsmethode in den 60er Jahren) oder Urschrei (70er Jahre) oder Beratung – immer ist das Vorgehen das gleiche: Einer weiß alles, hat auf alles eine Antwort, und er hilft einem anderen, der nichts weiß, und vertraut und bezahlt«, meint Fay Weldon in ihrer persönlichen Warnung vor der Psychotherapie.

Auch in der Öffentlichkeit kursiert der Verdacht, daß Seelenklempner die Beschwerden, die sie reparieren sollen und vorgeben zu können, eher verschlimmern und dafür unverständlich hohe Honorare fordern. Daß sie letztlich also nicht Heiler, sondern Ausbeuter menschlicher Katastrophen sind.
Fay Weldon ist ebenfalls dieser Ansicht: »Deshalb ist es kein Wunder, daß Psychotherapie ein Eldorado für Ausbeuter ist. ... Lieber suchen wir ›Selbstverwirklichung‹, Empowerment (was immer das heißen mag) und ›Erfüllung‹, indem wir uns Meditation, Bewußtheitstraining, persönliche Transformation, Streßmanagement und viele andere Dinge, die gerade à la mode sind, verkaufen lassen. Wir konsumieren das alles, um unsere ›Ganzheitlichkeit‹, oder wie sonst gerade das Modewort lauten mag, zu erreichen, und wir geben viel Geld dafür aus, in der Hoffnung, eines Tages aufzuwachen und uns wirklich gut zu fühlen. Ich sage (noch) nicht, daß die therapeutische Bewegung die größte Trickbetrügerei aller Zeiten ist ... Ich sage nur, daß es da draußen einen ganzen Haufen verkommener und skrupelloser Leute gibt, die auf einem Gebiet arbeiten, wo Vertrauen zwischen den Menschen das Wichtigste ist und der Mißbrauch dieses Vertrauens das Verheerendste.«
Auch die bekannte Psychoanalytikerin Alice Miller konstatiert in »Psychologie heute«: »Wer die Seele eines anderen, dessen Geschichte und Gefühle, als Handelsware benutzt, wer die Bedürftigkeit und das Vertrauen einer Patientin oder eines Patienten ausbeutet, um sich

mit Hilfe unwahrer Angaben Macht und Geld zu verschaffen, macht sich vor dem Gesetz strafbar.«
Dörthe Binkert schreibt über Chancen und Grenzen der Therapie: »Ich bin therapiert ... von A (Atemtherapie) bis T (Tai Chi). ... Die Therapien haben mir weitergeholfen ... Mit jeder Therapie sind aber auch meine Zweifel an den einzelnen ›Heilversuchen‹ und der Psychotherapie und -analyse insgesamt gewachsen. Und es gab Phasen, in denen sie mir das Selbstbewußtsein eher nahmen, als zu ihm beizutragen. Böse ließe sich auch sagen: die Analyse und die Atemtherapie, das Malen, das Hörtraining und die Gruppentherapie habe ich ohne Schaden überstanden, weil ich neben allen seelischen Beeinträchtigungen doch über ein relativ stabiles Ich und eine ›gesunde Robustheit‹ verfüge« (aus Nuber, a. a. O.).
Eine Therapie kann hilfreich sein, wenn wirkliche Probleme das Leben beeinträchtigen. Sie kann helfen, sie zu erkennen, besser mit ihnen umzugehen und einen allmählichen Wandlungsprozeß einzuleiten. Dennoch bleiben wir immer die gleichen. Zum normalen Leben aber gehören Webfehler, Ängste und Unvollkommenheit dazu.

Jedem Fisch sein Fahrrad

Wo immer Frauen Aufmerksamkeit, Zuwendung, Freundlichkeit und Zuhören zuteil wird, sind sie empfänglich dafür und verlieren ganz offenbar schnell ihre

Kritikfähigkeit und ihr gesundes Mißtrauen. Es sind oft ganz einfache Dinge, die sie so verführbar machen – egal, ob sie von einem Heiratsschwindler oder einem Psychoguru kommen. Es ist ein Lebenselixier für viele Frauen, Verständnis zu finden, geliebt zu werden, eine Schulter zum Ausweinen zu haben, Anregung zu finden, denn sie haben es allzuoft erlebt, daß selbst Partner, Familie oder Freunde ihnen kaum wirkliches Interesse entgegenbringen.
Neben dem vordergründigen Therapie- oder Kursusziel erhoffen sie sich Vertrauen, Verläßlichkeit, Geborgenheit und Anerkennung. Das soll im Preis inbegriffen sein. Ob Psychotherapie oder Wochenendkursus: Frauen können es oft kaum fassen, daß sich ein Mensch soviel und ausschließlich Zeit für sie nimmt. Kursusleiter und Therapeuten werden infolgedessen oft auch idealisiert. Das Vertrauen ist ungetrübt und bedingungslos. »Normale« Menschen können irgendwann nicht mehr damit konkurrieren und werden auch gar nicht mehr gefragt. Bei jeder Beeinträchtigung des Wohlbefindens, jedem Alltagskummer oder negativem Abweichen von der Tagesform, bei allem, was sonst mit der besten Freundin beschwatzt, durch Fußaufstampfen aus der Welt getreten, einer Tafel Schokolade, einer Tasse Kaffee, einem Glas Wein beschwichtigt wurde, muß dann kostenpflichtig ein Therapeut hinzugezogen werden. Therapie kann süchtig machen.
Und so führt dieser Weg nicht selten von der Selbstverwirklichung weg in die Abhängigkeit und Unselbstän-

digkeit. Schon ist die Frau wieder Opfer. Da man davon ausgehen muß, daß ein großer Teil der ausgebildeten und auch selbsternannten Therapeutinnen und Therapeuten selbst große psychische Defizite in die Therapiesituation mitbringt und womöglich diesen Beruf sogar aus solchen Gründen ergriffen hat, liegt in dieser Abhängigkeit eine große Gefahr. Eine Frau, die sich etwa durch eine bestimmte angewandte Methode auf das Niveau eines Kindes begibt, ist ebenso hilflos wie manipulierbar. Die Macht von Therapeut oder Therapeutin kann uneingeschränkt sein und verführt wiederum nicht wenige dazu, diese auch auszunutzen. Mißtrauische Distanz wird da unmöglich.

7. Sekten –
Und wandelt blind auf meinen Pfaden!

Mehr Wahn als Sinn

Im Laufe des letzten Jahrzehnts hat sich in unserer Gesellschaft eine weltanschauliche Vielfalt entwickelt. Neben das Christentum, neben aufklärerischen Fortschrittsglauben und trendgesteuerten Konsumglauben tritt zunehmend ein spiritueller Konsum von Esoterik, östlicher Mystik, Guruismus und Spiritismus. Es gibt

1. Guru-Bewegungen indischer Herkunft, in denen meistens eine der traditionellen hinduistischen Lehren im Vordergrund steht – zum Beispiel Vedanta, Sankhya, Transzendentale Meditation, Sri Chinmoy, Brahamkumaris, Hare Krishna, Bhagwan.
2. Heils- und Heilungsbewegungen, auch Psychosekten genannt, die versprechen, daß man bei ihnen ein besserer Mensch wird. Hier werden mehr oder minder ausgefeilte psychologische Verfahren angeboten: BEP – Bewußtseins-Erweiterung-Programm, oder EST.
3. Quasi christliche Gruppierungen wie Vereinigungskirche oder Kinder Gottes.
4. Gruppen, die sich zur New-Age-Szene zählen. Dazu

gehören esoterisch ausgerichtete Weltanschauungsgemeinschaften (Gralsbewegung, Anthroposophie) ebenso wie psychologisch beeinflußte ökologische und keltische Bewegungen.

5. Okkulte Gruppierungen, denen es um das Eindringen in Bereiche der Natur und der Seele mit oft sonderbaren Methoden geht. Kleine Zirkel, in denen Tischerücken über Verstorbene Auskunft geben soll, aber auch Hexen- und Satanskulte sind hier zu nennen.

6. Neuheidnisch-germanische Gruppen, in denen nationalistisches, rassistisches und quasireligiöses Gedankengut zu einer seltsamen Mixtur verrührt ist: zum Beispiel Gylphiliten, Amenen, Goden.

Gehirnwäsche und Co

Der Einstieg in eine Sekte ist oft schleichend. Viele Frauen, die sich für Esoterik und Spirituelles interessieren, rutschen mitten hinein, ohne die subtilen Mittel und Angebote zu erkennen, ohne zu begreifen, daß dahinter womöglich eine Sekte steht.

Weltweit gibt es rund 3000 Sekten, und jede einzelne behauptet, im Besitz der Wahrheit zu sein. Etwa 3 000 selbsternannte Erlöser laufen auf der Erde herum. Allein die Anhängerschaft der Charismatiker wird weltweit auf 300 Millionen geschätzt. Bei uns in Deutschland finden sich rund 700 Sekten. Fast täglich kommt eine neue hinzu. Und alle finden ihre Anhänger.

Die Sekten rekrutieren aus allen Kreisen der Bevölkerung, keineswegs nur in spinnerten Randgruppen, und auch bei den sogenannten Jugendreligionen gibt es bereits die zweite Generation. Über 100 000 Kinder und Jugendliche wachsen heute in Sektenfamilien auf.
Die Persönlichkeitsveränderung (Psychomutation), eines der wesentlichen Merkmale vieler Sekten, ist das Ergebnis eines Prozesses, der nur in der ersten Stufe wirklich in der Entscheidungsgewalt des Betroffenen liegt. Dann nämlich, wenn er sich überlegt: Gehe ich dorthin oder nicht? Was später passiert, liegt weitgehend nicht mehr in der Hand oder im Ermessen des neuen Anhängers. Der ganze Vorgang läuft in kurzer Zeit ab.
Die Folge ist eine enge Bindung – bis hin zur völligen Abhängigkeit – an einen als oberste Autorität in allen Lebensfragen angesehenen Leiter, Führer, Guru oder dessen Beauftragten. Seine Weltsicht und seine Handlungsmodelle werden unkritisch übernommen und gegen Kritik nahezu fanatisch verteidigt.
Die Methoden sind bei fast allen Sekten ähnlich: streng hierarchische Organisation, eine unantastbare Führerfigur, dazu ein ausgeklügeltes System des Gruppenzwangs und der größtmöglichen Abschottung nach außen, Willensunterwerfung und totale Gesinnungskontrolle. Was als Aufbruch in die Freiheit, die persönliche Selbstverwirklichung oder Karriere gemeint war und auch so begonnen hat, verkehrt sich schnell ins Gegenteil. Das Leben ist jetzt dem Guru geweiht. Er erhebt das Recht, in den hintersten Winkel der Seele zu

schauen und alles zu bestimmen: wann und wo man arbeitet, betet, ißt, trinkt, liebt, wie man sich wäscht, wie man heißt, wen man heiratet, von wem man sich trennt, ob man seine Kinder behalten darf und was man mit seinem Geld macht. Er bestimmt einfach alles. Vor allen Dingen wollen die Gurus Sex, Macht und das Geld ihrer Anhänger und deren Familien.
Wenn dann auch noch Heilung durch Wunder geboten wird, sitzt bei den Gläubigen das Geld besonders locker. Die rund 700 aktiven Sekten und religiösen Gruppen machen mit insgesamt rund zwei Millionen Anhängern achtzehn Milliarden Mark Umsatz jährlich mit okkulten Waren und Dienstleistungen. Dazu kommen Milliarden an Spenden.
Die Eigenverantwortung wird ausgesetzt, man fügt sich äußerlichen Geboten, Pflichten und Ritualen. Das geht bis zur Selbstverleugnung, Selbstaufgabe und führt zu Realitätsverlust – sprich: zur Verblendung.
Gründe für die leichte Verführbarkeit sehen Psychologen in:
- einem Mangel an Selbstwertgefühl (schwache Menschen, die einen Halt suchen),
- einem Mangel an Orientierung (Leute, die nicht wissen, was sie mit ihrem Leben anfangen sollen),
- einem Mangel an Überlegung (Leute, die sich das Leben gerne einfach machen),
- einem Mangel an einem ausgeglichenen sozialen Umfeld (Leute, die alleine leben, sich gerade getrennt haben oder einen Menschen verloren haben).

Sekten versprechen all diesen Menschen Halt und Sicherheit, das Gefühl von innerem Frieden und erfülltem Leben.
Der Theologe Werner Thiede bei der Evangelischen Zentralstelle für Weltanschauungsfragen der EKD in Stuttgart erklärte die Konjunktur von Sektengurus und Wunderheilern 1992 im »Stern« so: »Viele Menschen halten die Realität nicht aus, leiden unter einer Art seelischer Verarmung in einer hochtechnisierten Welt, so hat sich eine regelrechte religiöse Suchtbewegung entwickelt, eine Massenflucht in Märchenwelten. Die Amtskirchen haben in der Vergangenheit versagt, vieles an wärmenden mythologischen Glaubenselementen wurde über Bord geworfen. In das dadurch entstandene Vakuum können jetzt Sekten und Wunderheiler ungehindert einströmen.«
Meist erheben die Führer Anspruch auf die Weltherrschaft. Größeren Sekten wie beispielsweise Muns Vereinigungskirche, Scientology oder den Zeugen Jehovas gehören viele Firmen und Organisationen, viele Unternehmen sind auch von ihnen unterwandert. Der moderne Sektenanhänger kommt im Karriere-Outfit daher, so daß man sich über seine wahren Motive zunächst gar nicht klar wird. Viele Sekten versprechen nicht nur himmlische Paradiese, sondern auch Geld, Erfolg, Macht und neues Selbstbewußtsein. Sie finden sich auf allen nur denkbaren Schauplätzen: Sie bieten Lehrgänge an, Kochkurse und Symposien. Sie können sich hinter Weiterbildungs- und Volkshochschulkursen

verstecken. Sie verschanzen sich hinter Parteien und humanitären Verbänden, hinter Bioläden und Naturkosmetikaherstellern, Schönheitsfirmen und Fitneßclubs, hinter Unternehmensberatungen und Immobilienkonzernen. Sie werben bereits in Kindergärten und Schulen für ihre Ideologien und überschwemmen das Internet mit ihren Heilsversprechungen.

Unsere Kultur krankt am Verlust allgemeiner Werte und gesellschaftlicher Rituale. Es ist deshalb kaum überraschend, daß viele, die sich in der heutigen Gesellschaft spirituell und moralisch verloren fühlen, alternative Wege zum Glauben und zum Sinn des Lebens suchen. Das Problem, das sich uns zum Ende der neunziger Jahre stellt, kommt allerdings aus zwei Gründen stärker zum Tragen. Zunächst steht das dritte Jahrtausend bevor, was für alle Bedeutung hat, die sich einer Endzeitphilosophie verschrieben haben und den jüngsten Tag bevorstehen sehen. Eine Vielzahl von Adventisten-Kulten bereitet sich auf die Wiederkehr Christi als Weltenrichter und den unvermeidlichen Zusammenbruch unserer materiellen Welt vor. Für andere Sektenanhänger hatte das Zusammentreffen der nahenden Jahrtausendwende mit dem Erscheinen des Kometen Hale-Bopp verheerende Folgen: Glaubten die fanatischen Endzeitanhänger der Himmelstorsekte um den Guru Marshal Herff Aplewhite – zum Schluß Do genannt – doch sogar, daß sie durch ihren Selbstmord von Ufos im Schweife des Kometen auf schnellstem Wege in den Himmel gebracht würden. Deshalb »verabschiedeten« sich im März '97 im

kalifornischen San Diego 21 Frauen und 18 Männer im Alter zwischen 20 und 72 Jahren von dieser Erde.
Zur gleichen Zeit brachten sich in der Nähe von Montreal fünf Anhänger des Ordens des Sonnentempels um. Ihre Kinder, die das unter Drogen und wie gelähmt überlebten, waren vorher vor die Wahl gestellt worden, Selbstmord zu begehen oder ohne ihre Eltern weiterzuleben. Die Sekte, die an die Wiedergeburt durch einen rituellen Selbstmord glaubt, hatte bereits im Oktober '94 weltweites Aufsehen erregt, als sich in der Schweiz etwa 70 Sonnentempler in kurzen Abständen jeweils zur Zeit der Sonnenwende selber meuchelten oder gemeuchelt wurden. Sie hofften, durch ihren Tod ein neues spirituelles Leben auf dem Planeten in der Umlaufbahn des Sirius zu gewinnen.
Außerdem sind solche Kulte heute politischer denn je zuvor. Viele mit einem fatalen Drall zum Rechtsextremismus – mit dem Ziel, die politische Weltordnung zu ändern und die Vorherrschaft zu erringen. Vor allem in den USA und in Japan sind die sogenannten »Wahnsinnskulte« neben den schon fast klassischen Sekten im Kommen.

Eingekerkert und zugemauert

Inzwischen gibt es auch immer mehr Kinder, die von Geburt an in Sekten leben müssen. Der Leiter der Arbeitsstelle für Religions- und Weltanschauungsfragen

in Frankfurt am Main, Kurt-Helmuth Eimuth, schätzt, daß ihre Zahl inzwischen in die Hunderttausende geht. Allein 80 000 Kinder in Deutschland sind mit ihren Eltern bei den Zeugen Jehovas. Wie sich die soziale, weltanschauliche und oft auch körperliche Isolation auf ihre geistige Entwicklung auswirkt, ist bislang noch unbekannt, weil Außenstehende an die Kinder gar nicht herankommen. Wer in einer Sekte aufwächst, so vermutet der Experte, läuft Gefahr, eine schwer gestörte Persönlichkeit zu entwickeln. Viele Jugendliche seien auf dem Niveau von Zehnjährigen zurückgeblieben. Die Entwicklung zum reifen Erwachsenen werde eben durch die Isolation und die Preisgabe von Intimität und persönlichen Eigenheiten unmöglich gemacht.
Fest steht, daß sich viele Sekten »pädagogisch« sehr intensiv um die Kinder kümmern, die zu reinen Glaubensjüngern herangezogen werden sollen. Die Krishna-Bewegung betreibt hierzu in vielen Ländern eigene Schulen und Internate, wo sie sich von schlechten Einflüssen früherer Leben befreien sollen und zu Kritiklosigkeit und Gehorsam herangezogen werden. Auch der Sektenkonzern der Scientologen ist dabei, Schulen in verschiedenen Ländern zu errichten und Erziehungsmaterial zu vertreiben. Nach den Erkenntnissen Eimuths gehören auch Kinderbetreuungs- und Nachhilfeangebote zu den Lockmitteln der Sekte. Andere Gruppierungen scheinen da, so Eimuth, noch weiter zu gehen: Die christliche Kultgruppe »Universelles Leben« um Gabriele Wittek in Würzburg soll Kindergär-

ten, -krippen, Schulen und sogar eigene Ausbildungsstätten betreiben.
In manchen Sekten wird den Kindern mit Gewalt der Wille gebrochen: Sie werden an den Füßen aufgehängt, Gurus brechen ihnen die Rippen, mißbrauchen sie sexuell.

Gewalt in Sekten

Alle Sekten geben ihren Anhängern das Gefühl, daß sie nur in der Gruppe Glück, Geborgenheit, Sicherheit und Liebe finden. Sie treten als Beschützer auf, die über kurz oder lang den Platz von Familien, alten Freunden, Bekannten und Kollegen einnehmen. Fast immer wird der Kontakt zu »Andersgläubigen« verboten. Das ist Teil der Gehirnwäsche. Mit dem Eintritt in eine Sekte wird die Vergangenheit meist ausgelöscht. Alles, was dazugehörte, war falsch. Deshalb sind neues Verhalten, neue Kleidung und auch ein neuer Name Teil des Programms. Und natürlich auch anderes Denken oder Garnicht-Denken. Der Wille des Neulings muß gebrochen werden, damit er sich kritiklos unterordnet. Ist das Gehirn erst einmal gewaschen, läßt sich den Leuten der größte Quatsch erzählen. Sie werden es gläubig hinnehmen. Sie werden sich für ihren Guru sogar umbringen oder andere Menschen töten.
In vielen Sektengemeinschaften sind Folter oder psychischer Terror an der Tagesordnung. Es gibt aus allen west-

lichen Industrienationen Berichte über sadistische Sekten, bei denen sexuelle Gewalt an Tieren, Kindern und Erwachsenen stattfindet. Eine 1991 an der Universität von Utah durchgeführte Studie befaßte sich mit 37 Ex-Sektenanhängern aus allen Regionen der USA, darunter 33 Frauen, und deren Torturen in verschiedenen Sekten:

- Alle 37 wurden sexuell mißhandelt.
- Alle 37 hatten Folter am eigenen Leib erfahren und auch Mißhandlungen von anderen mit angesehen.
- Alle 37 waren bei Verstümmelungen oder beim Töten von Tieren dabei oder halfen dabei mit.
- Alle 37 wurden mit dem Tod bedroht.
- Fast alle wurden dazu gezwungen, Drogen zu nehmen.
- 83 Prozent mußten bei der Tötung von Kindern dabeisein oder dabei helfen.
- 81 Prozent wurden dazu gezwungen, Menschenfleisch zu essen.
- 78 Prozent wurden mit dem Satan verheiratet.
- 72 Prozent wurden stundenlang lebendig in Särgen oder Gräbern begraben.
- 60 Prozent wurden gezielt geschwängert und mußten ihr Kind opfern, was auch töten bedeutete.

Was heißt schon Nächstenliebe: Akt statt Aktion?

Sexualität zieht sich wie ein roter Faden durch viele Sektenlehren. Sexbesessene Gurus beuten schamlos die Abhängigkeit ihrer weiblichen Anhänger aus. Andere wiederum erlegen ihren Jüngern Enthaltsamkeit auf und nehmen es selbst nicht so genau damit:

• Bei den Kindern Gottes brauchte der sexhungrige Guru mehrere Frauen. Die jungen Anhängerinnen forderte er auf, ihm Selbstbefriedigungs- und Pornovideos zu machen. Zur Lehre gehört, daß jeder mit jedem schläft und Gruppensex bis zum Umfallen betrieben wird. Inzest, Kindersex, Prostitution – nichts ist dieser Sekte zu schmutzig.

• Bei den Volkstemplern wurden Ehepaare getrennt und bekamen neue Partner. In den stundenlangen Predigten des bisexuellen Gründers war Sex das Hauptthema. Er machte das Sexualleben, zu dem er seine Jünger zwang, zum Druckmittel. Ihre Kinder wurden ihnen weggenommen. Das Ganze endete mit einem Massenselbstmord vor etwa 20 Jahren.

• Auch der Guru des Stammes Davids hatte einen unstillbaren Hunger nach Macht und Sex. Die Ehen seiner Anhänger trennte er und sorgte dafür, daß Mann und Frau sich nicht mehr zu Gesicht bekamen. Er hingegen nahm für sich das Recht in Anspruch, mit allen Frauen und Mädchen zu schlafen. Sie würden ihm gehören, sagte er. 84 seiner Anhänger gingen 1993 mit ihm in den Tod.

• Bei den Sonnentemplern wurden Ehepaare ebenfalls auseinandergerissen, weil ihre Aura angeblich nicht zusammenpaßte. Der Geschlechtsverkehr wurde streng reglementiert. Die zwei Gurus selbst gönnten sich hingegen viele Frauen und lebten in Saus und Braus. Nach einem Massensterben, das kein Selbstmord gewesen sein soll, gibt es wohl noch eine Handvoll Anhänger, die über etliche Milliarden Mark Sektenvermögen verfügen.

- Auch in den heute gängigen grausamen Teufelssekten und den germano-faschistischen Kulten wird gefoltert, vergewaltigt und gemordet. Ihre Gurus sind Psychopathen, die Menschen abhängig machen, um sie dann quälen zu können. Frauen werden gezwungen, ihre neugeborenen Babys abzuliefern, um sie zu weihen oder zu töten. Frauen werden vergewaltigt, geschwängert und bis zur Geburt versteckt – so etwa in der satanischen Sekte um Michael Eschner, der vor fünf Jahren in der Lüneburger Heide verhaftet wurde. Tausende Kinder und Jugendliche sollen sein grausames Treiben miterlebt haben. Nach der Geburt wurden die Babys geopfert und von den Sektenmitgliedern auch gegessen. Oft findet bei solchen Sekten nach der Messe eine Massenorgie statt, bei denen Mädchen und Frauen vergewaltigt und nicht selten hinterher getötet werden.
- Die Sekte des indischen Gurus Sant Thakar Singh, der in Deutschland etwa 25 000 Anhänger in 60 Zentren haben soll, hat sich auf die Mißhandlungen von Babys und Kindern »spezialisiert«. Unter Aufsicht müssen bereits Säuglinge und Kleinstkinder zwölf Stunden meditieren, dabei werden ihnen die Augen verbunden und ein Ohr mit Silikon verschlossen. Sind sie widerspenstig, werden sie an den Füßen aufgehängt und tagelang am Schlafen gehindert. Die Erwachsenen haben enthaltsam zu leben.

• Den Anhängern von Hare Krishna ist hingegen Sexualität verboten, Geschlechtsverkehr ist nur zur Zeugung eines Kindes erlaubt. Der Verkehr innerhalb einer Ehe wird streng reglementiert. Frauen dürfen ihren Mann nicht mit Namen ansprechen. Ohnehin sind sie nur zum Dienen und Kinderkriegen da. Von Zärtlichkeit hält diese Sekte gar nichts, ihr Guru hat sie als »ansteckende Hautkrankheit« bezeichnet. Familienbindungen werden für schädlich gehalten. Die Kinder werden deshalb von den Eltern weggenommen und haben keine Chance, sich je normal zu entwickeln.
• Bei den Munies ist Sexualität für junge Menschen streng verboten, sie dürfen sich nicht einmal in einem Zimmer mit dem anderen Geschlecht aufhalten. Dafür veranstaltet Sun Myung Mun für die Mitglieder seiner Vereinigungskirche Massenhochzeiten. Vor etwa zwei Jahren gaben sich gleichzeitig 360 000 Paare das Ja-Wort. Die Partner für seine Schäfchen sucht der Guru selbst aus. Bei sich selbst hat er sich allerdings schon einige Male vertan, er war bereits mehrfach verheiratet. Die Kinder, die den Ehen der Mitglieder entspringen, gehören dem geldgierigen Guru.

Warum Frauen glauben

Die heutigen Bedürfnisse und Wünsche, denen häufig die Erfüllung versagt bleibt und auf die sich Frauen von den Sekten eine Antwort erhoffen, sind:

- der Wunsch nach Zugehörigkeit,
- nach Antworten,
- nach Ganzheit,
- nach kultureller Identität,
- nach Anerkennung,
- nach Transzendenz,
- nach geistlicher Führung,
- nach einer Perspektive,
- nach Beteiligung und Mitarbeit.

Krisensituationen und allgemeine Verletzlichkeit können Bedürfnisse und Wünsche offenlegen und erzeugen, die zur grundlegenden Motivation für die Hinwendung zu einer Sekte werden.

In vielen Sekten wird mit der Angst gearbeitet. Jede hat ihr eigenes Feindbild – sei es das nahende Ende der Welt, der Atomkrieg oder der nächste Weltkrieg. Das bereitet den Boden für Heilsversprechungen. Befindet man sich nicht in der Obhut der Sekte, ist man verloren. Wer die Bewegung verrät, dem wird es schlecht ergehen. Und nur wer dazugehört, darf auf rettende Erlösung hoffen. Auch deshalb sind Frauen eine attraktive Zielgruppe für die Sekten, denn erstens sind sie leichter gefügig zu machen, und zweitens verfügen sie heute selber über die für eine Sekte attraktiven Geldmittel.

Stundenlanges Meditieren bringt bestimmte biochemische Prozesse in Gang: Es werden Endorphine freigesetzt, die körpereigenen Stimmungsmacher, die den Menschen high machen können, als hätte er Drogen genommen. Das ist der Grund, warum Mitglieder von

Sekten, in denen viel meditiert wird, oft verklärt und zufrieden wirken. Manche werden nach diesem Erlebnis süchtig. Wie andere Süchte kann auch extremes Meditieren furchtbare Folgen haben.

Heiliger Hüter der Scheide

Während zur Zeit die Sekten Heaven's Gate und die Sonnentempler wegen ihrer spektakulären Selbstmorde und die Scientologen aufgrund ihrer gigantischen wirtschaftlichen Unterwanderung im Blickpunkt der Öffentlichkeit sind, konnte in den Jahrzehnten davor Bhagwan – zu deutsch: »Meister der Vagina« – wohl die größten Massen bewegen. Er war der Guru der Reichen und lebte selbst zügellos in Saus und Braus wie ein orientalischer Potentat. Obwohl er 1990 seinen Körper verlassen hat, lebt sein Kult fort. Da der Guru tot ist, fehlt der Sekte das Oberhaupt, doch clevere Sannyassins haben aus seinem Ashram ein schickes Reiseziel für Erholung und Entspannung gemacht und damit den gewinnträchtigen Konzern Bhagwans – der sich zuletzt Osho nannte – erhalten.
Der Park der roten Roben liegt nach wie vor in Poona, der Stadt in Indien, in der er zweimal eine Heimstatt für Heilssucher bot. Nach kurzem Gastspiel in den USA, wohin er wegen Steuerhinterziehung geflohen war, hat er sich hier bis zu seinem Tode wieder aufhalten dürfen. Daß die Bewegung nicht gestorben ist, zeigen steigende

Besucherzahlen. Die Zahl derjenigen, die dort Entspannung im Hier und Jetzt suchen, hat sich in den letzten Jahren wieder um mehr als 50 Prozent erhöht. Die Zahl der Heilssucher, die Sannyassins werden, wuchs sogar um 300 Prozent. Im Winter herrscht Hochkonjunktur, da werden jede Woche über 100 Menschen geweiht. Immer noch erhalten sie eine Kette (allerdings heute aus Plastik) mit dem Amulett des Meisters und einen neuen Namen.

Mehr als 30 Prozent der Neulinge kommen aus Deutschland. Sogar für die Journaille, schreibt »Cosmopolitan«, ist Poona wieder ein Mainstream-Thema geworden. Lifestyle-Zeitschriften und Globetrotter-Magazine berichten darüber, ebenso wie sich bereits im Internet Propaganda finden läßt.

Göttliche Erleuchtung – so scheint es – ist heute nicht mehr das Endziel. Dennoch haben einige der alten strengen Regeln überdauert: Erste Bedingung ist ein negativer Aidstest. Für die Teilnahme an den Meditationen in der großen Buddha-Halle – denn Bhagwan hatte sich zum Schluß auch zum Buddha ernannt – ist eine weiße Robe ebenso Vorschrift wie ein frisch geduschter, aber nicht parfümierter Körper. Da Bhagwan Asthmatiker war, durften seine Anhänger schon zu seinen Lebzeiten stets nur »geruchlos« in seine Nähe, was damals wie heute durch Schnüffeltest und Schnupperkontrolle festgestellt wird. Mit der Sexualhygiene hatte man es anfänglich nicht so genau genommen. Bhagwan fand, daß Erleuchtung nur nach dem intensiven Ausleben der

Sexualität möglich sei. Er selber ließ auch nichts anbrennen. Daß er damit nach seinen eigenen Thesen noch nicht erleuchtet gewesen sein kann, ist offenbar niemandem aufgefallen. Schon vor der Gründung des Ashrams in Poona war Bhagwan wegen seiner Einstellung zur Sexualität mehrmals mit dem Gesetz in Schwierigkeiten geraten.

Mit anderen Kultführern hatte er gemein, daß er seine sexuellen Bedürfnisse über seinen nahezu hypnotischen Einfluß auf Frauen befriedigte. Er verbreitete die Lehre, daß Sex die Tür zum Göttlichen öffne. Auch dieser Teil seiner Lehre füllte den Ashram mit Jüngern, die – verblendet oder nicht – bei dieser Freizügigkeit gern mittun wollten. Die Zeugung unter seinem Einfluß würde eine neue Generation von Jüngern hervorbringen, so sagte er, die nach den Gemeinschaftsvorstellungen der siebziger und achtziger Jahre heranwachsen sollten. So gehörte die sexuelle Meditation zum Tagesprogramm, die nach seiner Philosophie durch freie Liebe und sexuelle Hemmungslosigkeit gekennzeichnet war.

Als Folge von Aidsfällen in den eigenen Reihen machte er eine Kehrtwendung – zumindest, was die Sexregeln für seine Jünger anging. Ab sofort predigte er sexuelle Enthaltsamkeit, selbst Küssen war verboten, es gab strengste Hygieneanweisungen. Für die, die es nicht lassen konnten, schrieb er Kondom und Gummihandschuhe vor.

Die Schlüsselpositionen in seinem Imperium hatte er mit Frauen besetzt, weil die »kraft Intuition direkteren

Konnex zur Wirklichkeit als die auf Intellekt gepolten Männer haben«. Seine »rechte Hand« war ebenso weiblichen Geschlechts wie beispielsweise die Finanzchefin des Konzerns und die Präsidentin seiner Investmentgesellschaft. Eine herausragende Rolle spielte seine letzte Intima, Ma Anand Sheela, die ihre Vorgängerin Ma Laksmi aus seiner Gunst und seinem Bett erfolgreich abserviert hatte. 13 Jahre lang diente sie an der Seite des Erleuchteten, gehorchte seinen Befehlen, lernte seine Liebesspiele und seine Ausbeutungsmethoden kennen. 1985 verließ sie ihn überraschend, und viele aus dem Führungszirkel folgten ihr. Ihre offizielle Begründung lautete, sie habe seine millionenschweren Luxusbedürfnisse nicht mehr befriedigen können.

Die Einnahmequellen des Bhagwan-Konzerns waren und sind heute noch Immobilien, Discos, vegetarische Restaurants, Therapiekurse, Bücher und Videokassetten, die überall in der alternativen Szene verbreitet sind. Auch von den abtrünnigen Jüngern sind heute noch viele als Therapeuten, oft ohne fundierte psychologische Ausbildung, unterwegs. Unter anderem bieten sie körperorientierte Gruppen, Massagen, Selbsterfahrungsseminare, Encounter-Gruppen, Sufi-Tanz, Tantra, Yoga, Astrologie, T'ai-Chi-Chuan, Tanzmeditationen und vieles mehr an. Einige seiner Ex-Jünger haben sich zu neuen Gruppen formiert, unter anderem zu »Wild Goose«. Wie hoch die Zahl der Anhänger und Ex-Anhänger ist, die auf diese Weise tätig sind, ist nicht zu schätzen. Mit Sicherheit aber haben die meisten in

den europäischen Großstädten – gerade unter Frauen – fette Pfründen gefunden.
Über die Zahl der Sektenmitglieder und ihrer Sympathisanten gab es stets widersprüchliche Angaben. Kritiker schätzten die zahlende Anhängerschaft weitaus höher ein, als es aus den offiziellen Verlautbarungen des Ashrams hervorging. Tatsächlich gebe es auf der Welt nur rund 30 000 Sannyassins, sagte Ma Anand Sheela nach ihrer Abkehr in einem Interview des »Stern«, davon seien zwei Drittel Frauen. Man kann sicher sein, daß diese Zahl nach unten geschönt ist, auch um das Finanzvolumen des Sektenkonzerns herunterzuspielen. Auch für die Zahl der Sympathisanten gab sie eine schwammige Ziffer von einigen hunderttausend an, die Bhagwans Bücher kauften, Therapien machten, die Discos besuchten und hin und wieder in den Ashram kämen. »Aber aus denen ist nur Kleingeld zu machen, die stiften keine Rolls-Royces!« Fraglich bleibt, wer letztlich denn den Meister der Vagina zum reichen Guru der Reichen gemacht hat. Sein Geist ist offenbar noch immer unterwegs, um Kohle zu machen.

8. Esoterik –
Tarot statt Abendbrot

Auf dem yogischen Höhenflug

In der neuen Subkultur dominiert das Exotische. In den Regalen der Esoterik-Buchhandlungen ist auch für die Laufkundschaft alles zu haben: von Alchimie, Ayurveda, Bio-Energetik, Chakra bis zu Tarot, Ying Yang und Zen. Etwaige Schwellenangst wird der Unkundigen durch den Charme der Anbieter und Anbieterinnen von Intensivkursen und Workshops rasch genommen. Niemand fragt nach deren bisherigem Leben, nach Lebensumständen und politischen Ansichten.

Es gibt keine Mitgliederlisten, keine Dogmen und kein Lehramt. Niemand wird gehindert zu gehen, wenn ihm das bezahlte Programm nicht zusagt. Und so findet man jede Menge Reihum-Suchende, die von Runen-Magie und Kelten-Mystik, Theognosie und Cosmosophie, Pendeln und Geomantie, Hellsehen und Kristalltherapie ebenso schnell angetan wie frustriert sind. Nacheinander probieren sie alles aus, was ihnen spontan interessant erscheint. Auch in religiösen Dingen bleiben sie Passanten. Sie scheuen die soziale Bindung und die soziale Festlegung, für viele sind manche Eso-Experimente zunächst nur Unterhaltung und Spielerei. Die Esoterik-Branche boomt: Allein in Deutschland werden rund 18 Milliarden Mark Umsatz jährlich gemacht. Ihre Kundschaft ist überwiegend weiblich und bürgerlich-akademisch. Es gibt etwa 40 Esoterik-Gazetten mit 2,9 Millionen Gesamtauflage. Der Buchhandel macht zwischen vier und acht Prozent seines Umsatzes mit Esoterik-Reihen, Selbsthilfe- und Selbstfinde-Büchern. Dazu kommen unzählige Seminare, Kurse, spirituelle Selbstfindungswochenenden, Reinkarnationssitzungen, die allesamt Zugang zu einem Sammelsurium aberwitziger Lehren, Riten und Mythen versprechen und den Ausweg aus jeder Krise obendrein.

Schamanen, Hellseherinnen und Geistheiler tummeln sich in Talkshows senden positive »Vibrations« via Bildschirm, bewirken Teleheilungen per Telepathie. Neben Fastenwanderungen in der Toskana, Tanzmeditation in der Heide, tantrischer Orgasmusschulung in der Schweiz, Shiatsu an der Nordsee, der Cranio-Sakral-Tiefenentspannung beim Frisör in Köln, der homöopathischen Seelenreise auf Lanzarote oder dem harmopathischen Mittigwerden auf Teneriffa, Auspendeln auf Mallorca, Panchakarma in neun Tagen im Schwarzwald und Ayurveda auf Sri Lanka gibt es inflationär wachsende Angebote der Fetisch-Industrie: Edelsteine und Heilkristalle, Notfall- und Wundertropfen aus der Bachblüten-Quelle, Aura-Soma-Öle in therapeutischen Leuchtfarben, Pyramiden als kosmische Akkus, Horo-

skope und Dinkelspreu, Pendel und biorhythmische Kurven, Tarot-Karten und allerlei auraglättende Amulette. Für 45 000 Mark ist gar ein »Deprivationstank« zu haben, für die Selbstbehandlung von Verlustängsten.
Je exotischer und obskurer, desto »wirksamer«. Von Traumdeutung bis zum yogischen Höhenflug, von Geistheilung und Kommunikation mit den Geistern Verstorbener bis zur »Rückkehr« der Engel und der neuen Hexen, Besuchern aus dem All und kosmischem Sex wird ein gigantischer Schmelztiegel aus Riten und Mythen, Kulten und Techniken aus den Naturreligionen der Antike, Asiens und Afrikas und etlicher »wiederentdeckter« heimischer Zauber angeboten. Alles unter dem irreführenden Label Esoterik. Ursprünglich bezeichnet der griechische Name eine Geheimwissenschaft, die nur einem elitären Insiderkreis, den Esoterikern, zugänglich war. Außenstehende, nicht Eingeweihte, waren Exoteriker. Erst durch die Vermarktung der Identitätssuche im Übersinnlichen und Metaphysischen wurde Esoterik zum Trendprodukt und hat massenhaft Anhänger gefunden. Nach einer neueren Umfrage glaubt fast jede zweite Frau an Heilmethoden wie Bachblüten und Ayurveda als echte Alternative zur Schulmedizin und daran, daß Meditationstechniken und fernöstliche Weisheiten ihr Leben bereichern. Ebenso glaubt fast jede zweite Frau an die heilenden Wirkungen von Handauflegen, Besprechungen und Beschwörungen sowie an Hellseher und Zukunftsdeuter.
Begonnen hat der Esoterik-Zauber mit der Ankündi-

gung des New Age, des Zeitalters des Aquarius – besungen im Musical »Hair«. Die Wassermann-Ära galt den Sterndeutern als Beginn einer neuen, besseren Zeit und Aufbruch zum langen Marsch durch die Abgründe des eigenen Ichs. Durch die Hinwendung zur Spiritualität soll der dann erleuchtete Mensch des New Age das Paradies auf Erden kreieren, die Erde zum Planeten der Liebe machen.

Für viele Esoteriker ist ihr Körper nur eine Art Wohnung mit Zeitmietvertrag, und die Welt besteht für sie aus ständig fließenden und unerschöpflichen kosmischen Energieströmen. Ihre Suche nach einer besseren Welt können sie angeblich nur beenden, indem sie auf einer anderen Bewußtseinsebene das Zusammenspiel der kosmischen Kräfte erkennen. Dazu gehört auch die Überzeugung, in einem früheren Leben existent gewesen zu sein, nun als Mensch reinkarniert und sich mit Hilfe einer esoterisch-spirituellen Methode an frühere Leben zu erinnern. Erstaunlicherweise war keine Frau in ihrem früheren Leben eine Putzfrau oder Küchenschabe. Unter Zukunftsdeuterin, berühmte antike Heilerin, Prinzessin oder Pharaonin macht es keine. Die anderen können sich womöglich nicht erinnern. Gnädige Reinkarnation.

Ohnehin braucht das Warten auf den Wassermann eine Menge Geduld – die Hippies und frühen Esoteriker sind inzwischen in die Jahre gekommen, während von Liebe und Frieden weniger als vor Wassermannszeiten die Rede sein kann. Wo die Unzufriedenheit mit der Konsum- und Technikgläubigkeit zur Suche, Sucht oder

Sehnsucht nach einer besseren Welt geführt hat, führte sie gefährlich oft von der Wirklichkeit weg. So kann die Sinnsuche in sich selbst, das Kreisen um sich selbst, zum puren Egoismus werden.
Die Hingabe an das vermeintlich Reingeistige kann lebensuntüchtig machen und dazu verleiten, jegliches soziale Verhalten aufzugeben. Das Abheben mittels Meditation ist oft eher Weltflucht als Kraftquelle, und wer Kräfte nur aus kosmischen Akkus und Geheimantennen zum Himmel erhofft, verliert den Erdboden unter den Füßen. Der braucht seine Schutzgeister oder den Engel im Nacken, um aus einer Klemme herauszukommen. Auf schamanisierten Traumpfaden bleibt die reale und soziale Mensch-zu-Mensch-Beziehung auf der Strecke. Wichtig ist nur das eigene Ich in seiner Schein-Geist-Beziehung. So ist aus der paradiesischen Verheißung der sechziger Jahre der Materialismus, Individualismus und Egoismus der Achtziger geworden. Psychologische Untersuchungen zeigen, daß dieser – von Einsamkeitsgefühlen begleitete – Ego-Trend sich über die neunziger Jahre noch weiter verstärkt hat, bei zunehmender Vernachlässigung von Mitmenschlichkeit und Gemeinsinn.

Delle in der Aura

Ganzheitlichkeit ist einer der wichtigsten esoterischen Begriffe. Körper, Geist und Seele sollen immer im Gleichgewicht sein. Sind sie es nicht, dann sind aus esoterischer Sicht Unzufriedenheit oder Krankheit die Folge. In der Praxis geht es immer sehr stark um den Körper. In der Theorie heißt es dagegen: »Ich bin ein Teil des kosmischen Ganzen«, was ein Widerspruch ist. Und da für uns, im Zeitalter der weltumspannenden Medien, alles, was es je gegeben hat an Riten, Mythen, Religionen, zur Auswahl steht, bedient sich jeder nach Belieben, vor allem auch bei anderen Kulturen – eine Art Neokolonialismus und Imperialismus. Alles findet seine Jünger und vor allem Jüngerinnen: Kräuterpfarrer, Geistheiler, Wünschelrutengänger, Makrobiotiker und selbsternannte Reinkarnationstheoretiker. Schamanen bringen ihnen das »geheime« Wissen von den Riten der Indianer, wahlweise Chinesen, Kelten, Buschmänner, australischen Ureinwohner, Maoris, Inder, Germanen, Hexen, Medizinmänner, Weisen Frauen, Hohepriester, Schäfer, Bauern. Jede noch so abstruse Idee wird auf mindestens zweihundert Seiten in Buchform breitgewalzt oder als Seminar angeboten: Heilen mit dem Extrakt des Grapefruitsamens, des Schwarzkümmels, des Kürbiskernöls, mit »Umarme Dein Glück« oder der Orgontherapie.

Kochen mit dem Mond

Die Anziehungskraft des Mondes wirkt auf die Erde, verursacht Ebbe und Flut. Seit einigen Jahren auch eine Flut von Mondbüchern mit aberwitzigen Deutungen und

Prophezeiungen und in Wechselwirkung damit eine Ebbe in den Köpfen der Mondgläubigen und auch in so manchem Portemonnaie. Allen voran das Werk und Wissen »Vom richtigen Zeitpunkt« von Johanna Paungger und Thomas Poppe. Es hat sich in deutschsprachigen Leserkreisen mehr als 2,6 Millionen Mal verkaufen lassen und vermittelt das »über Jahrhunderte lebendig gebliebene Wissen einer Tiroler Bergbauernfamilie«. Der 215 Seiten starke Bestseller wird bei abnehmendem Mond niedergeschrieben worden sein. Denn dann herrscht optimale Luna-Zeit. Wie die Tiroler Bergbäuerin hat nämlich auch Frau Luna ihre fruchtbaren und unfruchtbaren Tage, und gerade im letzten Viertel, wenn sie sich dünne macht, wachsen die Kräfte für die unterschiedlichsten irdischen Mühen. Die dicksten Kartoffeln erntet demnach der Bauer, der seine Knollen bei abnehmendem Mond in die Erde legt. Die günstigste Pflanzphase auch für alles andere Grünzeug im Garten.
Wer jetzt den silbrigen Schein der Sichel an seine Wäsche läßt, spart drei Viertel vom Pulver oder an grüner Seife und wäscht doch porentief rein und strahlend weiß. Das soll in der Waschmaschine ebensogut funktionieren wie im Bergbach in Tirol. Auch der Termin beim Zahnarzt muß auf den richtigen Zeitpunkt gebracht werden. »Wenn möglich sollte das Einsetzen von Brücken und Kronen bei abnehmendem Mond erfolgen!« Falls dabei Kauen und Appetit eingeschränkt sind, empfiehlt sich Hanna Heinrichs Buch »Kochen im Zeichen des Mondes« mit himmelskonstellarisch ausgeklügelten Menüs.

Vorsicht vor allem bei Vollmond! Da darf man allenfalls das Silber putzen, keinesfalls aber das Messer eines Chirurgen an sich heranlassen. Erst wenn der Mond wieder abnimmt, dürfen Operationssäle wieder voll werden. Weniger als Zahnärzte und Chirurgen stehen pfiffige Frisöre unter Phasendruck, die für den Mond-Kalender-Service offen sind. Zwar wachsen im allgemeinen die Haare schneller und gesünder nach, wenn sie im letzten Mondviertel geschnitten werden, aber feinem und fusseligem Haar gibt der Vollmond mehr Volumen. Doch ist auch in den Wochen davor Ebbe in der Kasse: Frische Farbe sollte tunlichst bei zunehmendem Mond über die Köpfe kommen.
Daß Frau im Einklang mit dem Mond menstruiert und empfängt, versteht sich von selbst. Auch das kann sie selbstredend in Kursen und Büchern lernen.

Feng shui – Spiritueller Wohnen

Die esoterische Reise zum spirituellen »Innen« macht vor der Haustür nicht halt. Während noch immer Giftstoffe aus den Fugen nicht sanierter Wohnungen, Büros und Schulen sickern und die Gesundheit ihrer Nutzer ernsthaft bedrohen, fürchten viele schöner Wohnenden den harten Hauch ungezügelter Naturkräfte in ihren vier Wänden. Sie suchen ihr Heil nicht in der Abrißbirne, sondern im Kopf cleverer Architekten und Innenausstatter, die streng nach den Regeln des Feng shui Energien dressieren und damit Wohlbefinden und Wohnwert steigern. Feng shui bedeutet auf altchinesisch »Wind und Wasser«, meint aber nicht, daß Wirbelstürme und Hochwasserfluten das traute Heim bedrohen, nicht mal Wasseradern oder Elektrosmog, Erdstrahlen oder windige Poltergeister. Unterm Feng-shui-Dach müssen vielmehr die kosmischen Energien ungestört und ausgeglichen zirkulieren können. Sie müssen sich an kreativen Drachenlinien entlangschlängeln, ohne sich an fehlkonstruierten Ecken und Kanten zu stoßen. Der Haussegen hängt schief, wenn ein Flur die Räume und damit die eheliche Harmonie zerteilt. Oder beispielsweise ein Durchgangszimmer ein energetisches Loch bewirkt. Und wenn das Sofa in der falschen Ecke steht, falsche Farben und gar spitzblättrige Zimmerpalmen und dornige Rosen die Energie verwirbeln und blockieren, sind die Bewohner bald von allen guten Geistern verlassen. Ehekrisen, Kinderlosigkeit, Schlafstörungen – alles sind im schlechten Feng shui nur hausgemachte Probleme, für die die Experten jeweils eine Erklärung, ein Symbol und eine praktische und teure Lösung haben: durch Harmo-Sanierung mit der Natur im Einklang.

Die Kraft der Pyramiden

Indes haben so manche Wohlbefindenssucher mit den anspruchsvollen altchinesischen Geistern noch nichts (oder schon nichts mehr) am Hut. Sie halten es mit den

alten Ägyptern und ziehen ihre Energie aus der Kraft der Pyramiden.
Zwar kann es sich nicht jeder leisten, sich allabendlich unter einer Pyramide zur Ruhe zu legen, schon gar nicht im Doppelbett, und muß sich deshalb damit begnügen, wenigstens einen Topf Wasser unter eine kleinere, pyramidale Konstruktion zu stellen: für den heilsamen Morgentrunk, den feuchten Wadenwickel und zum Gießen der Zimmerpflanzen. Unter dem heilkräftig harmonisierten Strahlenschutz gedeiht fast alles besser ...
Verständlicherweise finden Frauen jeden Alters den Zauber edler Steine besonders faszinierend. Nicht nur in Gold oder Platin gefaßt sichtbar zur Schau getragen, sondern auch als Amulette und therapeutische Klunker mit heilsamer Ausstrahlung. Während die christliche Mystikerin Hildegard von Bingen (1089–1179) die Minerale noch in pulverisierter Form zum Einnehmen oder Einreiben empfahl, dürfen sie in der Moderne unzerstört und vorzeigbar über mystischen Energiezentren heilende Energiefelder aufbauen. Ein kleiner Bergkristall ist ein Must und Esogirl's best friend. Im Sortiment der Kaufhäuser verheißen die Funkelsteine, ungefaßt oder als tragbare Schmuckstücke schon doppeltes Glück: Sie sind auch auf das Tierkreiszeichen der Käuferin eingeschliffen, Amethysten für die Jungfrau, Jade für die Fische-Frau ...

Die wundersamen Heilkräfte der Bachblüten sind dagegen nicht von so spezieller Wirkungsweise. Sie helfen allen: Frauen, Männern, Kindern, dem Kaktus und dem Kater. Sie sind der absolute New-Age-Renner, obwohl noch vor dem Wassermann-Zeitalter in der ungemütlichen und unfriedlichen Ära der Fische geboren. Ihr Blütenwunder erlebten sie besonders früchtetragend nach einem geschickten Productplacement im Sommer 1995 bei Schreinemakers, mit damals noch unverwelkten Einschaltquoten. Die in drei Folgen ausgestrahlte Präsentation initiierte einen epidemischen Ausbruch von Bach-Blüten-Fieber, was zum Ausverkauf der Bestände und hastig angekurbelten Produktionssteigerungen der 38 Essenzen führte.

Witzigerweise basiert die massenhafte Nachfrage nach diesem »Heilmittel aus der Apotheke Gottes« nicht zuletzt auf einem Mißverständnis. Viele denken nämlich, sie kauften Auszüge von Heilkräuterblüten, die am idyllischen Bio-Bach gedeihen, in sauberer Luft am reinen Quell der Natur.

Tatsächlich ist die Therapie nach ihrem Erfinder benannt, dem britischen Barfuß-Doktor Edward Bach (1886–1936), der mit Essenzen aus Rotbuche, Stechpalme und Stechginster, Edelkastanie, gelben Sommerröschen und weiterem Kraut aus Feld, Wald und Wiese experimentierte und dann seine therapeutischen Blüten in Umlauf brachte. Den von ihm ausgesuchten

Pflanzen schrieb er bestimmte »Charaktereigenschaften« zu und die Fähigkeit, pflanzliche Heilenergie auf das »Trägermedium« – sprich: Tropfenfänger – zu übertragen. Ganz außergewöhnlich segensreich erwiesen sich diese Kräfte bei psychischen und psychosomatischen Störungen wie auch bei negativen Eigenschaften, meinte der Blütenzauberer. Die Essenz der Rotbuche hilft demnach bei Kritik- und Nörgelsucht, Intoleranz und Arroganz, die der Stechpalme bei Eifersucht und Neid, die der Walnuß eher in den Wechseljahren und, man glaubt es kaum: Jelängerjelieber-Tröpfchen gegen Scheidungsstreß. Die Edelkastanie ist gegen Depressionen zur Stelle. Und für besondere Notfälle, in welchem Gefahrenkreis auch immer, gibt es »Erste-Hilfe-Tropfen«, die, falls sie schnell zur Hand sind und in den Mund gelangen können, Ohnmacht, Schock und Panikanfälle verhindern sollen. Diese Essenz ist – für alle Fälle – eine Mixtur aus fünf Pflanzen.

Zu Edward Bachs Lebzeiten war seine Wirkungsstätte in Brightwell on Sotwell allerdings nur im engeren Umkreis bekannt, auch ihm selbst war nicht viel Erfolg beschieden. Er starb noch vor der Höhe seines Schaffens mit fünfzig Jahren. Die Frau an seiner Seite soll – so sagt die Dorfchronik – mehr den hochprozentigen Flüssigkeiten und denen auch in höheren Dosen als den Wundertropfen des Gatten zugetan gewesen sein.

Aber das Erben-Imperium steht in voller Blüte und hat – Nachfrage macht's unmöglich – nichts mehr von der ursprünglichen Bach-Idylle. Zwar werden die Blüten noch mit der Hand vom Stengel geschnitten, bevor sie im Halblitergefäß drei Stunden in praller Sonne ihre Schwingungsenergie an die Flüssigkeit abgeben. Die wird dann laut Rezeptur mit einem halben Liter Cognac versetzt. Aus jedem Liter so gewonnener »Muttertinktur« werden dann durch Verdünnung 50 000 Liter Inhalt in Arzneifläschchen abgefüllt. Aus der High-Tech-Fabrik in Abbington fließen in steriler, völlig unromantischer Serienproduktion nun jeden Monat über eine Million Arznei-Sets mit je 38 Flaschen vom Band in die Hausapotheken einer kranken Welt. Zu 80 Prozent in deutsche Lande ... wo vor allem Frauen mittleren Alters aus großen Städten die Blütendrogen kaufen. Sie haben nun zur Qual ihrer Leiden die Wahl der passenden Arznei. Da zur Anwendung keinerlei heilkundige Vorkenntnisse erforderlich sind, kann jeder und jede selbst eine Diagnose stellen und sich unter den angebotenen Tinkturen die passende aussuchen.

Hilfestellung finden sie aber reichlich. Sie können sich in der vorhandenen einschlägigen »Fachliteratur« schlau machen, mit »Bachblüten aus der Krise« finden, mit speziellen Ratgebern sich selbst, Familie, Kinder, Tiere und kränkelnde Topfpflanzen therapieren (für Tiere, klein oder groß, werden zehn Tropfen auf einen Eimer Wasser, für Pflanzen deren zehn auf eine Gießkanne empfohlen).

Im Zweifelsfall pendeln Eingeweihte natürlich auch aus, was dringlicher behandelt werden muß – Menstruationsbeschwerden, quälende Eifersucht oder beides. Schließlich gehört ein Pendel zur Grundausstattung für alle, die auf dem kunterbunten esoterischen Flickenteppich bleiben wollen. So ein Pendel kann verlorene Gegenstände wiederfinden und verborgene Wünsche aufspüren, es kann Geister rufen, die – wenn's denn zum Kontakt kommt über das schwingende Pendel – aus dem Jenseits von Wolke sieben Botschaften buchstabieren. Einzig das Sparkonto läßt sich mit dem Pendel nicht positiv beeinflussen.

Auch Träume, Tarot-Karten, Handlinien und Horoskope sind aussagekräftige Hilfsmittel für die Sinn- und Heilsucherin, wobei die Deutungen meistens Ansichtssache bleiben. Es kann aber eine Menge Spaß bringen, wenn man sich in munterer Runde gegenseitig in die Karten guckt oder in die Tiefen der Seele bis in die Höhenflüge der Zukunft, die in den Sternen liegt. Und selten, ganz selten gibt es vielleicht wirklich einen Menschen, der weiter schauen kann als andere. Schlimm aber, wenn aus Spaß Ernst wird, wenn aus dem neugierigen »Das probiere ich mal« und dem »bißchen« Grusel-Mystik-Unterhaltung blinder Glaube wird. Wenn etwa Krankheiten nicht rechtzeitig entdeckt und behandelt werden. Nicht selten führt die Suche nach Besserung und Heilung nämlich auf Um- und Irrwege. Da laufen Kranke zu selbsternannten Geistheilern, Medizinmännern und Aura-Lesern, lassen sich besprechen oder Hände auflegen – selbstverständlich gegen bare Münze. Denn die Kasse zahlt nichts dazu.

Auch die Seele kann sich im Sphärenflug verirren oder in der Versenkung versacken. Es ist kein Spiel mehr, wenn Ratsuchende sich etwa beim »Channeling« in Trance versetzen lassen und als Sendekanal Kontakte zu ratgebenden Geistern zulassen und einschleusen. Der Flirt mit Geister- und anderen Welten ist beileibe kein harmloser Hokuspokus. Bei manch einer werden dadurch ernsthafte, teils dramatische psychische Störungen ausgelöst. Die Geister, die man rief, spuken ständig bürgerkriegsähnlich im Kopf herum und führen zu Lebensunfähigkeit. Nicht jeder irdisch verhaftete und dabei seelisch labile Mensch verkraftet die Konfrontation mit Jesus, Gandhi, Goethe oder Außerirdischen, sondern kanalisiert sich letztlich in Desorientierung bis hin zur Psychose.
Schon gibt es zum Beispiel »Selbsthilfe«-Gruppen für Frauen, die mit aller Überzeugung und Bestimmtheit verkünden, daß sie von außerirdischen Wesen zeitweilig per Ufo entführt wurden oder von nächtlichen Heimsuchern geschwängert worden sind.
Man kann nur von Glück sagen, daß die Früchte dieser astro-territorialen Verbindungen meist nicht nach neun Monaten in der Klinik geboren, sondern schon im embryonalen Zustand ins Universum eingehen. Aber was für eine verstoßene und verletzte »Mutter« bleibt auf Erden zurück ... wenn aus Glauben Wahn geworden ist.

Gerade die Auseinandersetzung mit dem Übersinnlichen und die Erlösungssuche im Mystischen nimmt leicht wahnhafte Züge an. Und es ist nicht zu übersehen, daß die Zahl derer, die sich dem Übersinnlichen hingeben, noch immer wächst. Der englische Schriftsteller Gilbert Chesterton, Zeitgenosse des Blüten-Gurus und im selben Jahr wie dieser gestorben, erklärte schon damals: »Seit die Menschen aufgehört haben, an Gott zu glauben, glauben sie nicht etwa an gar nichts, sondern an alles!«

Die Begegnung mit Unerklärlichem, Geheimnisvollem und Wunderbarem fasziniert ebenso wie »auratische Orte« – Kultstätten, Wälder, Friedhöfe, Ruinen und die Tanzplätze, wo sich die »neuen Hexen« auf Teufel komm raus verschwören. Die Zahl der deutschen Hexenzirkel wird auf siebzig geschätzt – mit wachsendem Zulauf. Wunderlicherweise sind es zu 20 Prozent Männer, die stolz und publikumswirksam verkünden: »Ich bin eine Hexe«. Und das, obwohl die neuen Hexen die alten aus emanzipatorischen Gründen auferstehen ließen, weil sie sich über die Identifikation mit den früher verfolgten Frauen aus ihrer eigenen Unterdrückung befreien wollten. Einige machten sich jedoch das Negativbild der bösen und zauberkräftigen Hexen gewinnbringend zunutze. Sie berichteten öffentlich von ihren Künsten und Erfolgen: daß sie im Kundinnenauftrag Rache, Krankheit, Unglück oder gar den Tod sandten.

Schwer im Trend liegen nach Aussagen des Physikers und Psychologen Walter von Lucadou, der in Freiburg eine Beratungsstelle für Menschen mit außer- und übersinnlichen Wahrnehmungen und deren Folgen betreibt, magische Partnervermittlungen. Für ein Honorar von 10 000 bis 20 000 Mark bieten Magierinnen ihre Dienste an und wollen mit Kerzen, Püppchen und Voodoo-Tand Liebesglück herbeizaubern.
Fauler Zauber? Oberfaul ist jedenfalls, daß sie die Angst der Menschen ausnützen, die insgeheim an die Existenz von Menschen glauben, die anderen etwas »anhexen«, Strafen verhängen und Urteile fällen können. Wie denn auch Hellseherinnen und Wahrsagerinnen auf diesem Besen reiten und mit dem Aberglauben recht gute Geschäfte machen – und Unruhe, Verwirrung, Verunsicherung und neue Ängste heraufbeschwören. Oft genug scheint die ganze Heilssuche auf dem esoterischen Basar in Unheilfindung zu enden: Wenn sich Körper, Geist und Seele nicht mehr, wie eigentlich angestrebt, im Lot befinden – wir nicht mit uns selbst klarkommen und nicht mit der Welt, in der wir leben, dann werden wir wirklich krank.

Die mit den Wölfinnen heulen

In der Grauzone zwischen Hexenglauben, magischen Beschwörungen und frauenbewegtem Trommeltanz tummeln sich auch die Wolfsfrauen. Sie versuchen im

Zwiegespräch mit der Natur, ihre archaischen Instinkte als Frau und Wölfin wiederzubeleben. Für »überdomestizierte« Frauen werden Kurse angeboten, in denen sie kostenpflichtig ihre verschütteten wilden Instinkte wieder ausbuddeln können. Den theoretischen Überbau dafür liefert der amerikanische Bestseller »Die Wolfsfrau«, der auch bei uns von vielen Frauen der Eso-Ego-Szene für das »wichtigste und hilfreichste« Frauenbuch der letzten Jahre gehalten wird. Die Autorin und Psychoanalytikerin Clarissa Pinkola Estes hält Frau und Wölfin für ähnlich: Beide seien von Natur aus beziehungsorientiert, sie schnüffelten gern herum, seien wißbegierig, spitzfindig, zäh und seelenvoll. Deshalb sollten sich die Frauen auf ihr altes Erbe besinnen und vom treuen Haustier zum Wildtier werden.

Es werden in den Kursen Rudel gebildet, in denen gemeinsam geweint, geschrien, geschwiegen, geheult und der Mond angejault, aber bloß nicht zuviel analysiert wird. Wölfinnen folgen ihren Eingebungen – das ist das Lernziel. In der Natur – das sollte wolfsfrau allerdings wissen – latschen die Wölfinnen eher dem Leitwolf hinterher als ihren göttlichen Eingebungen. Und auch nur die Alphawölfin hat eine Chance, von ihm erhört zu werden. Alle anderen sind lediglich Fußvolk. Da können sie noch so heulen und knurren. Aber das sagt der echten Wölfin ja auch schon ihr Instinkt. Die Uhrahnin, auf die sich Menschenfrauen einigermaßen glaubhaft berufen könnten, ist die Äffin. Doch ganz offenbar machen sie sich lieber mit der Wölfin zum Affen.

In der Tat unterstützen Wolfsfrau-Buch und Wölfinnen-Seminare alte Rollenbilder, nach denen Frauentränen sozial erwünscht sind – Frauenpower hingegen nicht. Solange sie hübsch in ihrem neugegründeten Rudel bleiben, können Wolfsfrauen sich ruhig auch mit Geheul über alles beschweren, was sie belastet – auch über soziale Ungerechtigkeiten. Hauptsache, sie stören nicht.

9. Rattenfänger
... und tschüs!

Endlich selbst bestimmen, wo es langgeht, hieß das erklärte Ziel der Frauen, nachdem sie sich aus dem jahrhundertelang stabilen Käfig »Kinder, Küche, Kirche« befreit hatten; endlich auch für sich selbst denken und für sich selbst etwas tun.
Gleichberechtigung muß ja wohl auch mehr bedeuten als gleicher Lohn für beide Geschlechter, gleiche Karrierechancen und bessere Betreuung für Kinder berufstätiger Eltern. Sie bedeutet auch gleicher Anspruch auf Sinnerfüllung, Erfolg und ein schönes Leben bis hin zum Recht auf Glück für alle. Doch bevor Frauen auf der Suche nach ihrem inneren Selbst überhaupt herausfiltern konnten, was sie wirklich ausfüllen und glücklich machen würde, ihre innere Stimme überhaupt vernehmbar werden konnte, waren die Weichen längst gestellt – die Wegweiser in die Falle.
Der große Guru Zeitgeist wußte früher und besser als sie selbst, was Frauen brauchen und wie sie es kriegen. Fast zynisch bestätigt der Zeitgeist oder Lifestyle ihnen, daß sie »in« sind, wenn sie ihr inneres Selbst, ihr inneres Kind lieben und daß der Egotrip der einzig richtige

Weg ist, um auf Erfolgskurs zu kommen und zu bleiben. Das Versprechen auf Erfüllung aller Wünsche kam beispielsweise auch mit dem Pauschalangebot Wellness und wurde zum Verkaufsschlager.
Das Glück ist aber keine Ware, die man auf Kreditkarte kaufen oder im Ausverkauf als Schnäppchen auf dem Grabbeltisch finden kann. Das wäre – wenn denn nur Geld glücklich machte – dann eher das ganz große Los in der Lotterie. Nein, nach der Strategie der Rattenfänger ist Wellness eine Glücksspirale, auf der sich immerzu und ohne Ende und immer wieder neu ein Stückchen Wohlergehen kaufen läßt. Ob Nudeln glücklich machen, ob Edelsteine Glück bringen, die neue Nase, ein neues Outfit, eine weitere Therapie oder was auch immer den verschönten Körper, die austherapierte Seele und den befreiten Geist in glücklicher Harmonie schwingen läßt – Hauptsache ist, daß Frauen unbeirrbar glauben, sie wüßten und bestimmten selbst, was sie wirklich suchen und brauchen, um glücklich zu sein. Also müssen immer neue Verlockungen, Versprechungen und »kluge« Ratgeber ihnen die Sicht zur Einsicht verstellen und große und kleine, leise und laute Werbetrommeln die innere Stimme übertönen.
Ohnehin läßt sich der Begriff Glück kaum definieren. Damit tut sich nicht nur heute jeder schwer. Schon die Antike hielt 288 verschiedene Begriffsbestimmungen für Glück bereit. Heutzutage sind rund 700 Bücher zum Thema Glück auf dem Markt. »Wir drohen«, so der amerikanische Psychotherapeut und Autor des Buches

»Anleitung zum Unglücklichsein«, Paul Watzlawick, »in einer Flutwelle von Anweisungen zum Glücklichsein zu ersticken.« Sekten, Esoterik, Mode, Kosmetik, Schönheitschirurgie, Fitneßwelle, Medizin und Pharmaindustrie (Gesundheit ist das höchste Glück!) – alle versprechen uns Glück, wenn wir ihre Tips befolgen. Sie versprechen den Halt, der uns fehlt. Selbst noch so heroische Demonstrationen des erstarkten Egos – Gute Mädchen kommen in den Himmel, böse überallhin! – entsprechen in Wirklichkeit häufiger den Vorstellungen anderer als den eigenen.

In der Botschaft unserer Tage stimmt Glück als Anrecht aller die Menschen auf das Streben nach Genuß ein. Und der Zeitgeist geht noch weiter, weil er das Glück nicht nur als Mittel zu einem weiteren Ziel versteht, sondern als Lebenszweck schlechthin. So ist die Forderung nach dem machbaren Glück für alle die Glücksvariante, die sich die Trendmacher zutrauen und vermarkten. Deshalb ist es auch in ihrem Sinne, daß die Glücksfähigkeit des einzelnen zu schwinden scheint, während die äußeren Glücksmittel fast vollzählig im Angebot sind. Je weniger der einzelne Mensch in sich selbst zu Hause ist, desto mehr Absatzchancen bietet er für Glücksversprechen aller Art.

Das Marketing macht sich selbst die Ergebnisse der Hirnforschung zunutze: Nachdem Neurologen und Biochemiker entschlüsselt haben, was sich in Glücksmomenten im Hirn abspielt – es wird nämlich von ganzen Kaskaden von körpereigenen Drogen befeuert –, wurde versucht, dieses künstlich zu erzeugen. Wer heute auf den natürlichen Kick nicht warten will, wer keine Lust hat, dafür größere Aktivitäten zu entfalten, schluckt ungehemmt Glückspillen und Stimmungsaufheller. Und holt sich so ein schnelles, schnell verfliegendes Glücksempfinden. Als neueste Variante bringt gerade das Lachgas Freude, vor allem in die Party- und Technoszene. In der Medizin spielt die »Kicherdroge« seit langem als Betäubungsmittel eine Rolle. Es betäubt zwar nur schwach, aber mindert durch seine euphorisierende Wirkung die Schmerzwahrnehmung. In der Disco bringt es im Luftballon für fünf Mark mit ein paar Atemzügen den schnellen Rausch. Beschaffungsprobleme für all diese Glücksdrogen, die zum Teil schwerwiegende Nebenwirkungen haben, gibt es offenbar nicht.

Aber das Glück, wie es jeder einzelne für sich erhofft, stellt sich weder durch schnelle Rauschzustände noch durch den Massenkonsum an Glücksmitteln und nicht einmal als Belohnung ein. Glück ist nicht machbar. Man kann es nicht kaufen, nicht erzwingen, nicht erlernen, nicht erben, nicht eintauschen und am allerwenigsten im Alleingang auf dem Egotrip finden. Und schon gar nicht darf man die Erwartung hegen, daß man das Glück als Dauerzustand für sich pachten könne.

Dennoch ist Glück allgegenwärtig. Man kann es sich erarbeiten und es sogar geschenkt bekommen ... genaugenommen kann man es nur geschenkt bekommen. An jeder Ecke. In jedem Moment. Jede und jeder. Verdient oder unverdient. Arm oder reich. Dick oder dünn.

Schön oder häßlich. Faltenfrei oder glatt. Alt oder jung. Man muß es nur zulassen. Wer dafür bereit ist, der sieht sogar noch Glück im Unglück.
Wer das erkennt, kann sich viel ungehinderter und ungehemmter am Leben erfreuen, an der Arbeit, am selbstverdienten Geld, am eigenen Erfolg, an der Natur, am Zusammensein mit anderen, mit dem Partner, mit Kindern, alten Menschen, Kollegen, Freunden, Nachbarn, Tieren. Kann es sich dann sogar leisten, aus der eigenen kalten Ego-Mitte wieder in die warme Mitte der Gemeinschaft finden. Dazu muß man allerdings erst einmal den ganzen Glückströdel auf den Müll werfen. Weg damit! Raus aus der Falle. Macht euer Geld, wo ihr wollt, aber nicht mehr mit uns. Von nun an wollen wir, was wir wollen, und nicht was wir wollen sollen. Und tschüs, Rattenfänger!